乡村振兴战略实施路径研究

纪 程◎著

北京出版集团
北京出版社

图书在版编目（CIP）数据

乡村振兴战略实施路径研究 / 纪程著. -- 北京：北京出版社，2024.12. -- ISBN 978-7-200-19245-2

Ⅰ．F320.3

中国国家版本馆 CIP 数据核字第 2025E62M50 号

乡村振兴战略实施路径研究
XIANGCUN ZHENXING ZHANLÜE SHISHI LUJING YANJIU

纪　程　著

*

北 京 出 版 集 团　出版
北 京 出 版 社

（北京北三环中路6号）
邮政编码：100120

网址：www.bph.com.cn

京版北教文化传媒股份有限公司总发行
全国各地书店经销
天津和萱印刷有限公司印刷

*

720 mm×1 000 mm　16开本　10.75印张　180千字
2024 年 12 月第 1 版　2024 年 12 月第 1 次印刷

ISBN 978-7-200-19245-2

定价：68.00 元

版权所有　翻印必究
如有印装质量问题，由本社负责调换
质量监督电话：(010)58572740　58572393

前 言

实施乡村振兴战略是党的十九大作出的重大决策部署，是新时代"三农"工作的总抓手。2022年10月16日，习近平总书记在党的二十大报告中提出："全面推进乡村振兴。全面建设社会主义现代化国家，最艰巨最繁重的任务仍然在农村。坚持农业农村优先发展，坚持城乡融合发展，畅通城乡要素流动。加快建设农业强国，扎实推动乡村产业、人才、文化、生态、组织振兴。"这说明实施乡村振兴战略，是开启全面建设社会主义现代化国家新征程的必然选择，也是解决城乡发展不平衡、乡村发展不充分问题的根本之策。乡村振兴是包括产业振兴、人才振兴、文化振兴、生态振兴和组织振兴的全面振兴，实施乡村振兴战略的总目标是农业农村现代化，总方针是坚持农业农村优先发展，总要求是产业兴旺、生态宜居、乡风文明、治理有效、生活富裕，制度保障是建立健全城乡融合发展的制度和政策体系。实施乡村振兴战略，是振奋人心的重大社会课题，是实现全体人民共同富裕的必然选择，是实现中华民族伟大复兴中国梦的必经之路，是顺民心、得民意、造福广大人民群众的关键之举，能充分体现中国共产党立党为公、执政为民的执政理念，充分体现以人民为中心的发展思想，充分体现全心全意为人民服务的根本宗旨。

本书第一章为乡村振兴战略理论综述，分别介绍了乡村振兴战略的提出与战略意义、乡村振兴战略的实施背景和实施依据三部分的内容；本书第二章为乡村振兴战略的实施要求与规划，主要介绍了实施乡村振兴战略的总要求和科学编制乡村振兴战略规划两部分内容；本书第三章为乡村振兴战略的体系建设，分别介绍了产业振兴、人才振兴、文化振兴、生态振兴和组织振兴五个方面的内容；本书第四章为乡村振兴战略实施的具体路径，从体系建设的角度出发，依次介绍了推动乡村产业发展、强化乡村人才振兴、繁荣兴盛乡村文化、建设乡村生态文明、乡村治理基层组织五个方面的内容；本书第五章为乡村振兴战略的典型案例与启示，探究了乡村振兴案例研究的重要意义和乡村振兴典型案例分析及启示两部分内容。

  在撰写本书的过程中，作者参考了大量的学术文献，得到了许多专家学者的帮助，在此表示真诚感谢。由于作者水平有限，书中难免有疏漏之处，希望广大同行及时指正。

作者

2024 年 3 月

目 录

第一章 乡村振兴战略理论综述 ... 1
 第一节 乡村振兴战略的提出与战略意义 ... 1
 第二节 乡村振兴战略的实施背景 ... 7
 第三节 乡村振兴战略的实施依据 ... 16

第二章 乡村振兴战略的实施要求与规划 ... 22
 第一节 实施乡村振兴战略的总要求 ... 22
 第二节 科学编制乡村振兴战略规划 ... 35

第三章 乡村振兴战略的体系建设 ... 47
 第一节 产业振兴 ... 47
 第二节 人才振兴 ... 55
 第三节 文化振兴 ... 58
 第四节 生态振兴 ... 61
 第五节 组织振兴 ... 63

第四章 乡村振兴战略实施的具体路径 ... 67
 第一节 推动乡村产业发展 ... 67
 第二节 强化乡村人才振兴 ... 88

  第三节　繁荣兴盛乡村文化 ·· 102
  第四节　建设乡村生态文明 ·· 113
  第五节　乡村治理基层组织 ·· 130

第五章　乡村振兴战略的典型案例与启示 ································ 142
  第一节　乡村振兴案例研究的重要意义 ····························· 142
  第二节　乡村振兴典型案例分析及启示 ····························· 149

参考文献 ··· 162

第一章 乡村振兴战略理论综述

中华民族历来重视农业、农村，历史上一些有识之士曾就乡村建设作出过积极的实验和尝试。中国共产党成立后一直把为亿万农民谋幸福作为自己的重要使命，无论是新民主主义革命时期带领农民翻身求解放，还是社会主义革命和建设时期为改变农村贫穷落后面貌作出不懈努力，都取得了有目共睹的成就。如今，在新时代建设的当前，党中央更是提出了乡村振兴这一战略计划。

第一节 乡村振兴战略的提出与战略意义

一、乡村振兴战略的提出

自我国提出乡村振兴战略到"十四五"初期，乡村振兴战略的发展包括战略意图初步提出、政策框架初步搭建、制度体系初步形成三个阶段。自乡村振兴战略被提出以来，相关政策文件出台越来越密集，有关指示越来越细化。作为国家战略，它是关系全局性、长远性、前瞻性的国家总布局，是国家发展的核心和关键问题。实施乡村振兴战略，是解决人民日益增长的美好生活需要和不平衡不充分的发展之间的矛盾的必然要求，是实现"两个一百年"奋斗目标的必然要求，是实现全体人民共同富裕的必然要求。

（一）乡村振兴的战略意图初步提出阶段

在该阶段，我国首次提出了乡村振兴战略，并把该战略与科教兴国战略、人才强国战略、创新驱动发展战略、区域协调发展战略、可持续发展战略、军民融合发展战略并列为党和国家未来发展的"七大战略"。乡村振兴战略是党的十九大报告作出的重大战略决策，它被写入党章，为新时代农业农村改革发展指明了方向、明确了重点。党的十九大报告指出，要坚持农业农村优先发展。2018年1月，《中共中央 国务院关于实施乡村振兴战略的意见》出台，对乡村振兴战略作了更全面的部署。2018年4月，习近平总书记在海南考察时强调："乡村振兴，关键是产业要振兴。要鼓励和扶持农民群众立足本地资源发展特色农业、乡村旅游、庭院经济，多渠道增加农民收入。"[①]2018年9月，中共中央、国务院印发《乡村振兴战略规划（2018—2022年）》，提出"到2022年，乡村振兴的制度框架和政策体系初步健全……乡村治理能力进一步提升，现代乡村治理体系初步构建。"全面推进乡村振兴战略落地见效，要加快发展乡村产业，顺应产业发展规律，立足当地特色资源，推动乡村产业发展壮大，优化产业布局，完善利益联结机制，让农民分享到更多产业增值收益。

（二）乡村振兴的政策框架初步搭建阶段

农业农村农民问题是关系国计民生的根本性问题，必须始终把解决好"三农"问题作为全党工作重中之重。2019年1月，《中共中央 国务院关于坚持农业农村优先发展做好"三农"工作的若干意见》发布，该文件提出围绕"巩固、增强、提升、畅通"深化农业供给侧结构性改革，坚决打赢脱贫攻坚战，充分发挥农村基层党组织战斗堡垒作用，全面推进乡村振兴，确保顺利完成到2020年承诺的农村改革发展目标任务。2020年7月，农业农村部印发了《全国乡村产业发展规划（2020—2025年）》，对乡村产业发展作出全面规划。

要把乡村振兴战略这篇大文章做好，必须走城乡融合发展之路，要向改革要动力，加快建立健全城乡融合发展体制机制和政策体系。要深化户籍制度改革，强化常住人口基本公共服务，维护进城落户农民的土地承包权、宅基地使用权、集体收益分配权，加快农业转移人口市民化。要健全多元投入保障机制，增加对农业农村基础设施建设投入，加快城乡基础设施互联互通，推动人才、土地、资本等要素在城乡间双向流动。要建立健全城乡基本公共服务均等化的体制机制，推动公共服务向农村延伸、社会事业向农村覆盖。

（三）乡村振兴的制度体系初步形成阶段

乡村振兴是包括产业振兴、人才振兴、文化振兴、生态振兴、组织振兴的全面

---

① 李小梅，王兆云.新时代农民道德观培育研究[M].秦皇岛：燕山大学出版社，2021.

振兴，总要求是产业兴旺、生态宜居、乡风文明、治理有效、生活富裕。2021年1月，《中共中央 国务院关于全面推进乡村振兴加快农业农村现代化的意见》发布，该文件提出要举全党全社会之力加快农业农村现代化，让广大农民过上更加美好的生活。2021年4月，《中华人民共和国乡村振兴促进法》由中华人民共和国第十三届全国人民代表大会常务委员会第二十八次会议通过，为全面实施乡村振兴战略，促进农业全面升级、农村全面进步、农民全面发展，加快农业农村现代化，全面建设社会主义现代化国家提供了有力的法治保障。2021年5月，中共中央办公厅印发了《关于向重点乡村持续选派驻村第一书记和工作队的意见》，提出健全常态化驻村工作机制，为全面推进乡村振兴、巩固拓展脱贫攻坚成果提供坚强组织保证和干部人才支持。2021年6月1日，《中华人民共和国乡村振兴促进法》正式实施，把党和国家支持与促进乡村振兴的各项决策部署及行之有效的政策举措，以及基层实践创造的好做法、好经验上升为法律规范，为全面推进乡村振兴提供了强有力的法律支持。2022年6月，农业农村部、中央农村工作领导小组办公室、国家乡村振兴局印发了《关于深入学习贯彻习近平总书记关于"三农"工作的重要论述的通知》。

我国的乡村振兴战略将分三步走：第一步，到2020年，乡村振兴取得重要进展，制度框架和政策体系基本形成；第二步，到2035年，乡村振兴取得决定性进展，农业农村现代化基本实现；第三步，到2050年，乡村全面振兴，农业强、农村美、农民富全面实现。2020年12月16日，中共中央、国务院印发《关于实现巩固拓展脱贫攻坚成果同乡村振兴有效衔接的意见》，提出设立5年过渡期，倡导脱贫地区要做好过渡期内领导体制、工作体系、发展规划、政策举措、考核机制等有效衔接，从解决建档立卡贫困人口"两不愁三保障"为重点转向实现乡村产业兴旺、生态宜居、乡风文明、治理有效、生活富裕。我国未来两三年的工作重心或主要方向在于巩固脱贫攻坚成果，守住防范规模性返贫的底线，为实现乡村振兴的第二步奠定坚实的基础。

我国出台的乡村振兴有关政策文件如表1-1-1所示。

表1-1-1 我国出台的乡村振兴有关政策文件

序号	发布时间	文件名称	发布单位
1	2018年1月	《中共中央 国务院关于实施乡村振兴战略的意见》	中共中央、国务院

(续表)

序号	发布时间	文件名称	发布单位
2	2018年9月	《乡村振兴战略规划（2018—2022年）》	中共中央、国务院
3	2019年1月	《中共中央 国务院关于坚持农业农村优先发展做好"三农"工作的若干意见》	中共中央、国务院
4	2020年7月	《全国乡村产业发展规划（2020—2025年）》	农业农村部
5	2021年1月	《中共中央 国务院关于全面推进乡村振兴加快农业农村现代化的意见》	中共中央、国务院
6	2021年4月	《中华人民共和国乡村振兴促进法》	全国人民代表大会常务委员会
7	2021年5月	《关于向重点乡村持续选派驻村第一书记和工作队的意见》	中共中央办公厅
8	2022年1月	《中共中央 国务院关于做好二〇二二年全面推进乡村振兴重点工作的意见》	中共中央、国务院
9	2022年6月	《关于深入学习贯彻习近平总书记关于"三农"工作的重要论述的通知》	农业农村部、中央农村工作领导小组办公室、国家乡村振兴局
10	2022年11月	《乡村振兴责任制实施办法》	中共中央办公厅、国务院办公厅
11	2023年1月	《中共中央 国务院关于做好二〇二三年全面推进乡村振兴重点工作的意见》	中共中央、国务院
12	2024年1月	《中共中央 国务院关于学习运用"千村示范、万村整治"工程经验有力有效推进乡村全面振兴的意见》	中共中央、国务院

二、乡村振兴的战略意义

（一）乡村振兴推动共同富裕

在党的十九届五中全会上，中共中央首次提出把"全体人民共同富裕取得更为明显的实质性进展"作为远景目标。2021年7月1日，习近平总书记在庆祝中国共产党成立100周年大会上的重要讲话中强调，"着力解决发展不平衡不充分问题和人民群众急难愁盼问题，推动人的全面发展、全体人民共同富裕取得更为明显的实质性进展!"2021年8月17日,中央财经委员会第十次会议召开,研究扎实促进共同富裕问题。

我国曾经在"效率优先"的快速发展下积累了大量的财富。但在新发展阶段,实现共同富裕要在分配上下功夫,做到"体现效率、促进公平"。同时,我们也要认识到推进共同富裕的长期性、艰巨性、复杂性,要尽力而为、量力而行、循序渐进,政策的落实需因地制宜地探索有效路径,总结经验,逐步推进。

乡村振兴和共同富裕在发展方向、发展理念和推进逻辑等方面具有内在一致性。实施乡村振兴战略有助于实现城乡融合发展、缩小城乡收入差距,可促进共同富裕目标的实现。不管是推动乡村振兴建设还是实现共同富裕,都倡导在实施过程中坚持共享发展理念,优先支持具备条件的地区实现繁荣与富裕,以激励其他地区的发展,最终实现全面繁荣和共同富裕的目标。乡村振兴与共同富裕在发展理念上是一致的。我国地域广阔,各地拥有不同的地形、资源和发展优势。想要实现共同富裕的目标,需要因地制宜、稳步前行、持续努力,在发展道路上循序渐进,不能期望一蹴而就。所以说,乡村振兴和共同富裕之间存在密切相关的联系。

(二)乡村振兴实践"两个结合"

中国共产党巧妙地将马克思主义基本原理同中国具体实际相结合、同中华优秀传统文化相结合,"两个结合"是中国共产党对推进马克思主义中国化时代化的深刻历史总结和重大探索成果,为坚持和发展马克思主义作出了重大原创性贡献。中国共产党以马克思主义为指导,积极推进乡村振兴事业。走中国特色社会主义乡村振兴道路为推动"两个结合"创造了空间。一方面,习近平总书记关于乡村振兴的重要论述,不仅蕴含了关于乡村发展的规律性认识,也包含了大量关于农业农村现代化、城乡融合发展的理论创新,这正是我们党运用马克思主义基本原理走中国特色社会主义乡村振兴道路的重大成果。另一方面,中华文明根植于农耕文明,乡村是中华文明的基本载体,延续了许多农耕文明。繁荣发展乡村文化是乡村振兴的重要内容,这就为马克思主义基本原理同中华优秀传统文化相结合提供了空间。

"两个结合"揭示了乡村全面振兴的内在意蕴,即通过城乡融合发展和产业与生态融合发展,实现城乡协调发展、经济社会可持续发展和人民群众美好生活的目标。因此，推进乡村振兴战略，就是在实践中推进"两个结合"，在发展中实现"两个结合"。

（三）乡村振兴促进全面发展

中国自古以来就是农业大国，农民占全国人口的大多数。国家要复兴，乡村必振兴。

实施乡村振兴战略有利于我国打好种业翻身仗。种业创新是农业科技创新的核心问题。我国种业自主创新与发达国家还有很大差距，有些品种单产水平还有较大提升空间，核心技术原创不足、商业化育种体系不健全，存在较多制约种业发展的"卡脖子"问题。我国要以乡村振兴为农业种业发展的重要抓手，确保我国粮种安全，让中国人将饭碗牢牢端在自己手中。

实施乡村振兴战略有利于我国解决城乡发展不平衡等问题。从增加农民收入的维度来看，乡村振兴战略要求产业兴旺，强调一、二、三产业融合发展，强调不断拓宽延长农业生产的产业链和价值链，其目的就是通过对农业的现代化改革提升农业生产效率，切实提高农民收入，缩小收入差距。从提高农民生活水平的维度来看，乡村振兴战略通过推动乡村建设行动和县域内融合发展，可从根本上提高农民的生活水平，提升农民的获得感和幸福感。从提升农村文明程度的维度来看，乡村振兴战略强调坚持以社会主义核心价值观为引领，通过建设新时代文明实践站、制定村规民约、开展移风易俗等行动，培育文明乡风、良好家风、淳朴民风，推动建设邻里守望、诚信重礼、勤俭节约的文明乡村。

实施乡村振兴战略有利于我国农村现代化的实现。高质量乡村振兴可以加快推进农业农村现代化进程，有助于发挥我国"三农"基础在"应变局"与"开新局"中的"压舱石"作用。从"应变局"来看，农村始终能够发挥国家发展"蓄水池"和"稳定器"的重要作用，始终为现代化发展中的进城农民提供生计保障和返乡退路。从"开新局"来看，实施乡村振兴战略可在硬件和软件上全面提高农业农村的现代化水平，强化县域综合服务能力，使农村成为国内经济发展的"新引擎"。首先，农村电商、特色产业等乡村新业态新模式的发展，一方面可以促进农民增收，确保农民收入稳步提高，进一步缩小城乡收入差距；另一方面可以促进农户扩大经营规模，形成家庭农场等现代经营主体，实现农业生产结构、布局等方面的优化调整，从而巩固脱贫攻坚成果。其次，推动乡村振兴和新型城镇化的"双轮驱动",将充分挖掘农村消费投资需求潜力,为畅通国内大循环、确保国内国际双循环健康发展提供坚强支撑。

实施乡村振兴战略有利于我国保护中华优秀传统文化。农村是乡土文化的载体,也是中华文化的发源地,乡土文化的繁荣发展是弘扬中华优秀传统文化的要求。实施乡村振兴战略,可通过不断健全农村公共文化服务体系、增加公共文化产品和服务供给为农村"引人气""聚人才";能在丰富乡村文化生活的同时发挥农村这一乡土文化载体的重要作用;有利于保护、利用乡村优秀传统文化,从而实现建设乡风文明的美丽乡村,保证乡村文化生态的效果。

实施乡村振兴战略有利于夯实党的执政根基。乡村振兴战略把乡村"治理有效"作为总要求之一,这有助于加强党的基层组织建设,夯实党在基层的执政基础,为全面推进乡村振兴提供政治保障和组织保障。

第二节 乡村振兴战略的实施背景

随着我国现代化和城镇化的不断推进以及国际竞争的日趋激烈,人们越来越关注发展的均衡性、新态势对经济的影响以及综合国力的提高。正是在此背景下,确立什么样的经济均衡发展战略成为一个重要而迫切的任务。2017年10月18日,在党的十九大报告中,习近平同志明确提出乡村振兴战略,旗帜鲜明地强调,农业农村农民问题是关系国计民生的根本性问题,必须始终把解决好"三农"问题作为全党工作的重中之重。要坚持农业农村优先发展,按照产业兴旺、生态宜居、乡风文明、治理有效、生活富裕的总要求,建立健全城乡融合发展体制机制和政策体系,加快推进农业农村现代化。这是在科学总结我国经济发展历史经验的基础上作出的新论断、新战略,是在全面分析当今国际激烈竞争局势背景下的新思路、新谋划。深入研究和把握这个战略提出的社会时代背景,有助于我们准确把握与全面理解这一战略的深刻内涵、精神实质和重大意义,进而促使我们积极推动这一战略的贯彻实施。

一、"后脱贫时代"乡村振兴的总体要求

习近平总书记指出:"脱贫摘帽不是终点,而是新生活、新奋斗的起点。接下

来要做好乡村振兴这篇大文章，推动乡村产业、人才、文化、生态、组织等全面振兴。"①

2021年2月，全国脱贫攻坚总结表彰大会的召开标志着我国脱贫攻坚取得了全面胜利。现行标准下9899万农村贫困人口全部脱贫，832个贫困县全部"摘帽"，12.8万个贫困村全部出列②，区域性整体贫困得到解决，完成了消除绝对贫困的艰巨任务。贫困人口全面实现"两不愁三保障"。在吃方面，建档立卡户平常都能吃得饱不挨饿，能够摄入身体所需的蛋白质；在穿方面，一年四季都有应季的换洗衣物和御寒被褥；在义务教育方面，适龄少年儿童除因身体原因不具备学习条件外，都有学上、上得起学，绝大多数在校就学，少量因特殊情况不能到校的送教上门；在基本医疗方面，建档立卡人口都被纳入基本医疗保险、大病保险和医疗救助等制度保障范围；在住房安全方面，原住房经鉴定或评定不安全的建档立卡户，均通过危房改造、易地扶贫搬迁等有效措施，住上了安全住房。此外，在饮用水安全方面，建档立卡户生活饮用水达到了当地农村安全饮用水评价准则的要求，建档立卡户能及时、方便地获得足量、洁净的生活饮用水。

精准帮扶政策的有效落实，对贫困人口全面实现脱贫发挥了关键决定作用。产业、就业、健康、教育、危房改造、易地扶贫搬迁、社会保障、残疾人、生态扶贫等方面的帮扶政策瞄定贫困人口精准发力，因村、因户、因人施策，因贫困原因施策，因贫困类型施策，符合条件的建档立卡户按实际情况均不同程度地享受过相关帮扶政策。

脱贫攻坚战取得伟大胜利后，习近平总书记强调，要加快建立防止返贫监测和帮扶机制，对脱贫不稳定户、边缘易致贫户以及因疫情或其他原因收入骤减或支出骤增户加强监测，提前采取针对性的帮扶措施，不能等他们返贫了再补救。因此，后脱贫时代仍需持续用力培育长效脱贫机制，健全完善防止返贫体系，及时化解返贫风险，巩固脱贫成果。对易返贫致贫人口要加强监测，做到早发现、早干预、早帮扶。我国不平衡不充分的发展问题仍然突出，脱贫的地区和人口依然面临着较大的返贫风险，相当一部分脱贫户虽然有了基本生活保障，但是收入水平仍然不高，脱贫基础还比较薄弱，抗风险能力差，巩固拓展脱贫攻坚成果的

---

① 张琦.中国乡村振兴政策与实践热点评论[M].北京：经济日报出版社，2022.
② 张德林，张海瑜，张鹏，等.中国乡村振兴：产业发展促进战略实施模式及实践案例[M].北京：中国农业大学出版社，2021.

任务依然艰巨。一旦放松警惕，会不可避免地出现返贫现象。

脱贫攻坚完成后，中央密集出台了多项政策文件，推进脱贫攻坚与乡村振兴有效衔接，重点体现在以下四个方面。

一是强化党在脱贫攻坚与乡村振兴上的指导。以习近平新时代中国特色社会主义思想为指导，坚持中央统筹、省负总责、市县乡抓落实的工作机制，充分发挥各级党委总揽全局、协调各方的领导作用，省、市、县、乡、村五级书记抓巩固拓展脱贫攻坚成果和乡村振兴，健全乡村振兴领导体制与工作体系。

二是保持脱贫攻坚政策的延续性。过渡期内保持现有主要帮扶政策总体稳定，对脱贫县、脱贫村、脱贫人口"扶上马、送一程"，确保脱贫群众不返贫。在主要帮扶政策保持总体稳定的基础上，分类优化调整，合理把握调整节奏、力度和时限，增强脱贫稳定性。过渡期内严格落实"四个不摘"要求，摘帽不摘责任，防止松劲懈怠；摘帽不摘政策，防止"急刹车"；摘帽不摘帮扶，防止一撤了之；摘帽不摘监管，防止贫困反弹。

三是做好产业和人才文章，培育"造血"机制。脱贫攻坚与乡村振兴要防止政策养懒汉和泛福利化倾向，激励有劳动能力的低收入人口勤劳致富。坚持以人民为中心的发展思想，坚持共同富裕方向，加快推进脱贫地区乡村产业、人才、文化、生态、组织等全面振兴，为全面建设社会主义现代化国家开好局、起好步，奠定坚实基础。

四是坚持政府推动引导、社会市场协同发力。坚持和完善东西部协作和对口支援、社会力量参与帮扶机制，在保持现有结对关系基本稳定和加强现有经济联系的基础上，调整优化结对帮扶关系，将现行一对多、多对一的帮扶办法，调整为原则上一个东部地区省份帮扶一个西部地区省份的长期固定结对帮扶关系。坚持行政推动与市场机制有机结合，发挥集中力量办大事的优势，广泛动员社会力量参与，形成巩固拓展脱贫攻坚成果、全面推进乡村振兴的强大合力。

二、乡村振兴是实现共同富裕的必经之路

在党的十九届五中全会上，中共中央首次提出把"全体人民共同富裕取得更为明显的实质性进展"纳入"十四五"规划和2035年远景目标，提出到2035年，人民生活更加美好，人的全面发展、全体人民共同富裕，取得更为明显的实质性进展。

2021年8月17日，中央财经委员会第十次会议研究了扎实促进共同富裕问题。在研究制定经济政策的中央财经委员会会议上提出共同富裕的长期政策框架，意味着在新发展阶段，党中央把"共同富裕"摆在更加重要的位置，围绕"共同富裕"的改革将是未来长期政策框架。

实现共同富裕是社会主义的本质要求，是人民群众的共同期盼，而要实现共同富裕，乡村振兴是必经之路。乡村振兴不仅要巩固脱贫攻坚成果，而且要以更有力的举措汇聚更强大的力量，加快农业农村现代化步伐。在新发展阶段，我们要把促进农民增收、提升农业供给质量、提高城乡一体化水平作为重点来抓，从而有力推进农业农村现代化，向全体人民共同富裕道路迈出坚实步伐。

（一）把握农业农村发展的阶段性特征

改革开放40多年来，我国农业农村发展取得了长足进步。特别是党的十八大以来，以习近平同志为核心的党中央把解决好"三农"问题作为全党工作的重中之重，坚持农业农村优先发展总方针，农业农村发展取得了历史性成就，发生了历史性变革。

全面建成小康社会、实现第一个百年奋斗目标之后，我们踏上了全面建设社会主义现代化国家新征程。这给农业农村发展和乡村振兴提出了一系列新的课题，包括要按照"产业兴旺、生态宜居、乡风文明、治理有效、生活富裕"的总要求，促进乡村全面发展；要严守18亿亩耕地红线，实施高标准农田建设工程，夯实粮食生产能力基础，提高农业产业化经营水平，确保粮食安全；要推动新型城镇化高质量发展，进一步加大农村公共基础设施和公共服务投入，加快推进城乡基础设施和公共服务一体化；要进一步增加农民收入，大力缩小城乡收入差距，改善农民生活条件，推动农民全面发展；要建立健全巩固拓展脱贫攻坚成果长效机制，提升脱贫地区整体发展水平；等等。总的来看，这些新课题，既是新发展阶段解决好"三农"问题的重要内容，也与实现全体人民共同富裕目标息息相关，需要我们高度关注、切实推进。

（二）促进农民增收是关键

要推动乡村振兴，实现共同富裕，促进农业稳定发展和农民增收是关键。我国要以新发展理念为引领，切实提高农民收入水平，促进全体人民共同富裕。

习近平总书记指出，人民是我们党执政的最深厚基础和最大底气。为人民谋幸福、为民族谋复兴，既是我们党领导现代化建设的出发点和落脚点，也是新发展理念的"根"和"魂"。全面实施乡村振兴战略，要让农民在实现共同富裕上取得更为明显的实质性进展，这是实现农业农村现代化的重要任务，也是衡量农业农村现代化水平的重要尺度。2025年2月23日发布的《中共中央 国务院关于进一步深化农村改革 扎实推进乡村全面振兴的意见》提到了以下要点："拓宽农民增收渠道。引导农民发展适合家庭经营的产业项目，因地制宜发展庭院经济、林下经济、民宿经济。加大稳岗就业政策支持力度，强化就业服务和劳务协作，培育推介特色劳务品牌。推进家政兴农行动。加强大龄农民工就业扶持。推动农民工工资支付保障制度全面覆盖和有效运转，依法纠治各类欠薪问题。发展各具特色的县域经济，支持发展就业容量大的富民产业，促进农民就近就业增收。实施数字乡村强农惠农富农专项行动。扩大以工代赈项目实施规模，在重点工程项目和农业农村基础设施建设领域推广以工代赈。"

（三）提升农业供给质量是主线

共同富裕重在富裕农民，促进农民增收，而实现农民增收的必由之路是完善农业发展基础，提升农业供给质量，加快农业现代化进程。

农业既是安天下、稳民心的基础产业，又是关乎百姓饭碗和亿万农民生计的民生产业。现阶段我国在农业发展方面还存在诸多弱项和短板，必须加大力度提升农业供给质量，不断夯实农业发展基础。在这一过程中，要扎实推进粮食生产功能区和重要农产品生产保护区建设，不断提高粮食产量，把中国人的饭碗牢牢端在自己手中；要稳定种粮农民补贴，切实保证农民种粮有合理收益，提高农民种粮积极性；要进一步优化农业结构，推动品种培优、品质提升、品牌打造和标准化生产，深入推进优质粮食工程，切实提高农产品供给质量；要加快构建现代养殖体系，全面提高农业产业化经营水平；要优化农产品贸易布局，实施农产品进口多元化战略，支持企业融入全球农产品供应链，向农产品价值链高端迈进；要开展粮食节约行动，依法依规厉行粮食节约，减少生产、流通、加工、存储、消费环节的粮食损耗浪费；要加强农业种质资源保护开发利用，有序推进生物育种产业化应用，切实加强育种领域知识产权保护；坚决守住18亿亩耕地红线，统筹布局生态、农业、城镇等功能空间，科学划定各类空间管控边界，严格实行土地用途管制，落实最严格的耕地保护制度；构建现代乡村产业体系，打造农业全产业链，加快健全现代农业全产业链标准体系；推进现代农业经营体系建设，发展壮大农业专业化、社会化服务组织，支持农业产业化龙头企业创新发展、做大做强。

（四）推进城乡一体化建设是基础

推进城乡一体化，是国家现代化的重要标志，也是实现农民全面发展、农业农村全面进步的基础所在。在推进城乡一体化进程中，必须坚持共享发展理念，把改善农村基础设施和提高基本公共服务水平放在重要位置，提升乡村治理水平，进一步夯实乡村振兴基础，推动城乡一体化建设。一是加快推进村庄规划，保护传统村落、传统民居和历史文化名村名镇，使乡村风貌既具有独特的民族特色又富有鲜明的时代气息。二是提升公共基础设施建设和公共服务智能化水平，着力推进公共基础设施往村覆盖、往户延伸，加快实施数字乡村建设发展工程。三是适应城乡居民共享社会发展成果需要，以城乡基本公共服务均等化为重点，把社会事业发展重点放在农村，推进城乡基本公共服务标准统一、制度并轨，实现从形式上的普惠向实质上的公平转变。四是适应绿色发展需要，深入推进村庄清洁和绿化行动，加大农村面源污染防治力度，建立健全人居环境建设的制度规范，加快美丽乡村建设。此外，还要把县域作为城乡融合发展的重要切入点，破除城乡分割的体制弊端，强化县城综合服务能力，把乡镇建设成为服务农民的区域中心。总之，推进城乡一体化，关键要强化统筹谋划和顶层设计，健全城乡一体化体制机制，加快打通城乡要素平等交换、双向流动的制度性通道，既大力实施乡村建设行动，又推进以人为核心的新型城镇化，从而为推动乡村振兴、实现全体人民共同富裕夯实基础。

二、国内经济发展出现的新问题和带来的新要求

（一）国内经济发展拉大城乡差距

十八大以来，党和国家事业取得了显著进展。我国已经成为世界第二大经济体、制造业第一大国、货物贸易第一大国、商品消费第二大国、外汇储备稳居世界第一。同时我国在高速公路总里程、高铁线路总长度、港口货物吞吐量等方面

的成就在世界范围内均名列前茅。此外，我国生产的 220 多种主要工业产品产量位居世界第一。由此说明，我国的第二产业和第三产业发展态势良好，后劲很足，城市建设也令人赞叹。近年来，我国城市经济总量不断增长，多个城市进入全球城市经济排名前列。例如，上海、北京等城市在全球城市指数中的排名显著提升，反映了中国城市经济的强劲增长势头。同时，随着创新能力的提升，我国城市在科技、文化等领域取得了丰硕的成果，进一步推动了城市的可持续发展。此外，我国城市交通基础设施建设不断完善，高铁、地铁等现代交通方式快速发展，极大地方便了市民的出行。以及，我国城市群作为区域经济发展的重要载体，近年来呈现出快速发展的态势。长三角城市群、粤港澳大湾区等城市群在创新资源集聚、产业协同发展等方面取得了显著成效。城市群内部城市之间的协同发展不断加强，推动了区域经济的整体提升。同时，城市群之间的合作也日益紧密，共同推动全国经济的高质量发展。但是相比之下，我国第一产业的发展远不及第二、第三产业，农业发展相对滞后，城乡差距凸出。

毋庸置疑，我国的农业发展也取得了很好的成绩。自改革开放以后，农村家庭联产承包责任制得到了巩固和完善，粮食产量逐年提高，农业生产方式得到了很大程度的改变，先进的农业生产技术得到推广和应用，农业机械化水平得到很大提高，农业产业结构有了进一步调整，农作物生产呈现多样性，农民的负担显著减轻，收入有了很大增长，生活水平得到显著改善。农村的基础设施建设有了很大改观，社会保障措施不断完善，生活环境得到很大改善。但是也应该看到，城乡差距问题并没有得到彻底解决。

1.城市对农村的支持力度不大

城市"反哺"农村客观上有许多困难：其一，投资工业与投资农业的投入与产出比是不一样的。从当前现实来看，投资工业收益远远大于投资农业的收益，相同资本投入城市工业比投入交通不便、路途遥远的乡村获得的利润要高很多。从成本上看，投资农业的成本远大于工业，不仅有城乡交通运输成本，还有农产品采摘、储藏、保鲜等成本，而且还有人员素质、教育培训、经验技术成本。其二，投资农业回报周期长，投资农业的回报周期至少一年，多则好几年。一般的投资者都很少有耐性等待漫长的投资回报周期。其三，投资农业风险大，农业生产除了与工业生产一样都要受市场因素影响之外，还要额外受自然因素影响，如投资生产农产品的产业，遇到光照不足、气候干旱或者连绵阴雨等恶劣天气，或者土壤肥力不足，病虫害增多，产量就要受损。所以我国城市"反哺"乡村不能是被动的"反哺"，不能是市场化的"反哺"。但如果仅仅从政治的需要与道德的角度进行宣传和鼓励城市"反哺"乡村，恐怕也会显得苍白无力，难以奏效，因为市场资本的逐利性决定了资本重城市而轻农村、重工业而轻农业。就政府财政来说，一般的县级政府支出就有文化体育、科技教育卫生、社保就业、节能环保、城市建设、公共设施、征地、农林水、地方重大工程推进、公路铁路的维护建设、商业及旅游发展基金等众多的政府财政支出，留给农村的发展资金可想而知会有多少。这就要求工业"反哺"农业、城市"反哺"乡村必须是政府的政策措施和强制行政行为，要依靠中央的战略导向，即依靠顶层设计。

2. 城镇化的发展与新农村建设不相融合

城镇化本来是城乡融合发展的一条好路子，但是在实际操作上出现了一些偏差，如把城镇化当成城市化。那么城镇化与城市化有什么区别呢？城镇化是以减少农村劳动力，实现城乡融合发展、共同繁荣为目的的，一方面，城镇化使农村人口就近向市镇集聚，使农民亦工亦农，逐步市民化；另一方面，城镇化避免给城市特别是大中城市带来压力，避免给公共设施的要求和城市管理的难度带来压力。而城市化不但使城市过度膨胀，造成就业、管理与公共设施建设难度加大，而且使农村劳动力大量涌入城市，不能从根本上解决农村的发展问题，多数农民还是要以土地为生存之本，需要在家乡生活。城市化不仅会过度吸纳农村劳动力，也会吸空农村发展所需的人才。长此以往，农村成为老弱病残的聚集地，成为没有发展后劲、人烟稀少、没有生机活力的"空心村"，使新农村建设成为城市化的一个悖论，这是新农村建设与城市化的矛盾所在。所以现在我们提出新型城镇化，就是以县城和乡镇为城镇化发展的依托，以产业发展为动力，实现城乡之间的良性互动、相互融合，逐步实现农村农业的现代化。新型城镇化还有很长的路要走，现在的问题是农村产业发展困难，农业的融资困难，农村金融服务体系和机制没有很好形成，农村享受的公共设施均等化只是停留在口号上，农村的教育、医疗卫生事业还很薄弱。因此，城乡融合是乡村振兴的外在要求。

3. 农村的人才缺乏

不仅城市里高素质人才不愿去农村发展、创业，施展才华，就连从农村走出来的人才也不愿意回去。在推进工业化和城镇化的过程中，不可避免地出现农村人口向城市流动和聚集的现象，特别是高考、参军和去城市打工等途径，使城市吸纳了大量农村有真才实学、年富力强、有一技之长的青少年和中年人，农村社会结构日益老龄化和"空心化"。不管是创新农业产业结构、引进科学技术、运用机械化耕作方式，还是吸收各种社会资金进行农业建设，引入新的生产要素进行生产投资，等等，都需要爱农业、懂农业的人才。农村缺乏留住人才的环境，也没有形成留住人才的机制。即使靠一时的优惠政策，暂时引来了一些人才，但也难以长期留住人才，缺少人才的农村建设就会形成恶性循环，进一步加剧农村的落后。因此，人才是乡村振兴的智力因素要求。

（二）社会主要矛盾发生深刻变化

经过三十多年的发展，我国经济发生了翻天覆地的变化，人民生活水平得到了很大提高。党中央审时度势，在党的十九大上明确指出，我国社会主要矛盾已经转化为人民日益增长的美好生活需要和不平衡不充分的发展之间的矛盾。这标志着我国社会主要矛盾也随着经济形势和人民需求的变化发生了很大的改变。

人民群众的需要呈现多样化多层次多方面的特点：期盼有更好的教育、更稳定的工作、更满意的收入、更可靠的生活保障、更高水平的医疗卫生服务、更舒适的居住条件、更优美的环境、更丰富的精神文化生活，这是就全国而言的。而在我们的农民和城市务工农民身上则更多地体现出需要的不足，他们的需要更加强烈。

虽然人民群众有美好的向往和要求，但制约经济发展和人民需求的因素却存在很多，主要的因素是发展的不平衡不充分问题。发展不平衡，主要指各区域各领域各方面发展不平衡，制约了全国发展水平的提升，主要体现在东部、中部、西部区域发展不平衡，不同领域、不同行业发展不平衡，工业与农业发展不平衡，城市与乡村发展不平衡，物质文明与精神文明发展不平衡，等等。发展不充分，主要指一些地区、一些领域、一些方面还存在发展不足的问题，发展的任务仍然很重，而农业农村恰恰是发展任务很重的领域。

（三）国内经济发展带来的新要求

我国经济发展对乡村振兴提出的新要求主要包括：坚持高质量发展，注重创新发展，促进城乡融合，加强生态环境保护，以及培育新产业新业态。

首先，坚持高质量发展是乡村振兴的核心要求。乡村振兴必须坚定不移地走高质量发展之路，用新发展理念破解农业农村发展难题。这包括坚持创新发展，强化科技和改革双轮驱动，加快推进农村重点领域和关键环节改革，为高质量发展增动力、添活力。

其次，注重创新发展也是重要的一环。要加大农业核心技术攻关力度，推动农业供给侧结构性改革，提高农业全要素生产率。通过技术创新和模式创新，提升农业的竞争力和可持续发展能力。

此外，促进城乡融合是乡村振兴的关键。要以城乡融合发展为目标，统筹新型工业化、新型城镇化和乡村全面振兴，一体推进农业现代化和农村现代化，促进乡村物质文明与精神文明协调发展。

同时，加强生态环境保护也是必要条件。要践行"绿水青山就是金山银山"的理念，加强农业面源污染防治，推进农村生产生活方式向绿色低碳转型，以高品质生态环境支撑农业农村高质量发展。

最后，培育新产业新业态是推动乡村振兴的重要途径。要挖掘乡村多元价值，推动乡村产业全链条升级、全环节增值，通过延伸产业链条、推进融合发展，拓展乡村产业空间，助力农民就业增收。

第三节　乡村振兴战略的实施依据

一、乡村振兴理论基础

（一）社会主义革命和建设时期农村建设理论

中华人民共和国成立初期，我国本着促进经济恢复和推进社会主义改造的目的，发展社会主义农业合作制经济和农村机械化，重点推进生产关系改造，通过走农业合作社的道路为农村引进新的生产方式和技术，以促进农村生产力发展。20世纪50年代到60年代初，中国共产党人不断把马列主义的基本理论创造性地运用于中国特殊的历史条件和现实状况，借鉴苏联经验，对中国农业现代化道路问题进行了重大探索，提出了许多精辟的论断，形成了独特的农业现代化理论。

这一思想是对中国农业现代化实践经验的凝炼和升华。

1951年12月，毛泽东在审阅《中共中央关于实行精兵简政、增产节约、反对贪污、反对浪费和反对官僚主义的决定》稿时，加进了自己对工业化和农业社会化之关系的认识。1953年12月，根据毛泽东提出的过渡时期的总路线编写的《关于党在过渡时期的总路线的学习和宣传提纲》中提出了促进农业和交通运输业的现代化。在此基础上，1954年9月，第一届全国人大政府工作报告首次提出了建设"农业现代化"的口号。1959年末1960年初，毛泽东在读苏联《政治经济学教科书》时，正式提出了农业现代化的概念，并把它列为"四个现代化"之一。毛泽东把实现农业现代化同建成社会主义的物质技术基础有机地联系了起来，认为只有建立一个现代化的工业基础和现代化的农业基础，我们的国家基础才算充分巩固，社会主义社会才算从根本上建成。

（二）改革开放和社会主义现代化建设新时期农村建设理论

在改革开放初期，为了破除计划经济体制弊病，我国提出在农村实行家庭联产承包责任制，这极大地激发了农民的生产积极性，促进了农村劳动力的解放。通过发展农村产业，我国初步构建农村产业体系，增强农村自我"造血"能力，缩小了城乡发展差距。党的十五届三中全会提出建设社会主义新农村，从传统的救济式扶贫向开发式扶贫转变。进入21世纪后，中央制定了"多予、少取、放活"的农村工作方针，提出了"以工促农、以城带乡"的发展目标。党的十六届五中全会指出，建设社会主义新农村是我国实现现代化进程中的重大历史任务，并提出"生产发展、生活宽裕、乡风文明、村容整洁、管理民主"的方针。"这一时期，我国以'三农'问题为抓手，以新农村建设为目标，以实现农村剩余劳动力的有序转移，提高农村生产能力。"[①]

（三）中国特色社会主义新时代农村建设理论

当前我国社会主要矛盾已转化为人民日益增长的美好生活需要和不平衡不充分的发展之间的矛盾。发展不平衡不充分的表现之一就是农村发展速度滞后于城市、发展质量低于城市、发展后续动力弱于城市。习近平总书记提出"产业兴旺、

---

① 周金堂，黄国勤．国外新农村建设的特点、经验及启示[J]．现代农业科技，2007（17）：204-207+210．

生态宜居、乡风文明、治理有效、生活富裕"是实施乡村振兴战略的总要求，因此乡村振兴要做到"农业强、农村美、农民富"。

2005年8月15日，时任浙江省委书记的习近平同志在浙江安吉余村考察时，第一次提出"绿水青山就是金山银山"[①]的科学论断（以下简称"两山论"）。"两山论"是马克思主义关于人与自然关系思想中国化时代化的最新成果，也是习近平生态文明思想的重要理论。"两山论"既与生态文明建设的精髓一脉相承，又是对生态文明建设的创新。"两山论"正是对生态文明所蕴含的公正、高效、和谐和人文发展等核心要素的一种形象化表达。

二、实施乡村振兴战略的重大意义

乡村是具有自然、社会、经济等综合特征的地域综合体，是农村居民生产生活的主要承载地，也是传统文化传承、生态环境保护的重要载体。乡村兴则国家兴，乡村衰则国家衰。实施乡村振兴战略，是有效解决新时代我国社会主要矛盾的重要路径，也是补齐全面建成小康社会短板的战略选择，更是全面建成社会主义现代化强国的重要保障，具有重大现实意义和深远历史意义。

实施乡村振兴战略，是以习近平同志为核心的党中央站在我国社会主义现代化建设新的历史方位，统筹经济社会发展全局，审时度势、高屋建瓴地对"三农"工作作出的重大决策部署，是辩证分析、科学判断得出的正确结论，是全国一盘棋、实现中国梦的科学布局，具有重大的现实意义和深远的历史意义。

（一）是解决新时代我国社会主要矛盾的重要途径

马克思主义唯物辩证法认为，矛盾是事物运动发展的源泉和动力。正确判断和处理社会主要矛盾，是辩证唯物主义和历史唯物主义的基本要求。新中国成立以来，我国社会主要矛盾随着经济社会的发展而不断变化。1956年党的八大指出，"我们国内的主要矛盾，已经是人民对于经济文化迅速发展的需要同当前经济文化不能满足人民需要的状况之间的矛盾"；[②] 1981年党的十一届六中全会通过的《关于建国以来党的若干历史问题的决议》提出，"在社会主义改造基本完成以后，

---

① 徐斌. 中国制度：新时代中国治理[M]. 北京：外文出版社，2022.
② 国务院发展研究中心课题组著；马建堂总主编. 全面建成小康社会进展情况研究与评估[M]. 北京：中国发展出版社，2021.

我国所要解决的主要矛盾,是人民日益增长的物质文化需要同落后的社会生产之间的矛盾"[1];2017年党的十九大报告指出,"我国社会主要矛盾已经转化为人民日益增长的美好生活需要和不平衡不充分的发展之间的矛盾"[2],这是自1981年以来对我国社会主要矛盾表述的首次改变,是中国特色社会主义发展到一定阶段的深刻总结,是党的十九大的重大理论创新和历史贡献。

改革开放以来,我国经济社会不断发展、各项事业不断进步,中国特色社会主义进入了新时代。新时代人民对美好生活的需要日益广泛,不仅是物质文化生活方面,人民在公共安全、民主法治、生态环境等方面有更高期盼,不平衡不充分的发展问题更加凸显。当前,不平衡不充分的发展矛盾在"三农"领域表现尤为突出,既突出表现为城市和乡村之间发展的不平衡,又明显体现在不同地区之间农村发展不平衡上。一方面,与城市相比,广大农村地区的发展差距较为明显,除了经济发展滞后、农业基础不强、农民收入偏低之外,农村社会事业发展同城市相比差距也较为突出,一些优质的教育、医疗资源尤其是公共服务设施,集中分布在城市,很多农村地区特别是西部农村地区几乎体验不到。另一方面,在东部、中部和西部的乡村之间,也存在着很大差距。为此,《中共中央 国务院关于实施乡村振兴战略的意见》将"坚持城乡融合发展"作为新时代实施乡村振兴战略的基本原则之一,明确提出"坚决破除体制机制弊端,使市场在资源配置中起决定性作用,更好发挥政府作用,推动城乡要素自由流动、平等交换,推动新型工业化、信息化、城镇化、农业现代化同步发展,加快形成工农互促、城乡互补、全面融合、共同繁荣的新型工农城乡关系"。[3] 由此可见,实施乡村振兴战略,能有效破解人民在追求日益增长的美好生活需要过程中出现不平衡不充分的发展的难题,为化解新时代我国社会主要矛盾开辟了新途径。

(二)是补齐全面建成小康社会过程中短板的战略选择

农业农村农民问题是关系国计民生的根本性问题。新中国成立以来,中国共产党将"三农"工作作为重中之重,解决了许多"三农"工作面临的重大问题,

---

[1] 童书元.乡村振兴与城乡融合发展研究[M].长春:吉林出版集团,2024.
[2] 新华社.习近平:决胜全面建成小康社会 夺取新时代中国特色社会主义伟大胜利——在中国共产党第十九次全国代表大会上的报告[R/OL].(2017-10-27)[2024-4-12].https://www.gov.cn/zhuanti/2017/10/27/content_5234876.htm.
[3] 新华社.《中共中央 国务院关于实施乡村振兴战略的意见》[R/OL].(2018-1-2)[2024-4-12].https://www.gov.cn/gongbao/content/2018/content_5266232.htm.

农民的收入有了很大提高，农村的生活环境有了显著改善，农业获得了长足发展，取得了历史性成就，农民的获得感、幸福感和安全感不断增强。

实施乡村振兴战略正契合我国经济社会发展的阶段性特征和中国特色社会主义进入新时代的历史方位要求，旨在建立健全城乡融合发展体制机制和政策体系，推动建立以工促农、以城带乡、工农互惠、城乡一体的融合发展机制，健全覆盖城乡的公共服务体系，推动城乡基础设施互联互通，完善统一的城乡居民基本医疗保险制度和大病保险制度等，不断提高城乡基本公共服务均等化水平，不断增强乡村居民的幸福感和获得感。只有实施乡村振兴战略，补齐"三农"领域的短板，我国整体国力才能迈上新台阶，脱贫质量才会大幅度提升，小康成色才会更亮丽，乡村振兴的基础才会更扎实，才能让农业成为有奔头的产业，让农民成为有吸引力的职业，让农村成为安居乐业的美丽家园，不断增强乡村居民的幸福感和获得感。

（三）是全面建成社会主义现代化强国的重要保障

目前，我们正处在"两个一百年"奋斗目标的历史交汇期。我们已如期实现第一个百年奋斗目标，现在我们要乘势而上开启全面建设社会主义现代化国家新征程，向第二个百年奋斗目标进军。党的十九大在科学审视国内外形势尤其是国内经济社会发展状况的基础上，提出在21世纪中叶建成社会主义现代化强国的战略部署，即"第一个阶段，从二〇二〇年到二〇三五年，在全面建成小康社会的基础上，再奋斗十五年，基本实现社会主义现代化"，"第二个阶段，从二〇三五年到本世纪中叶，在基本实现现代化的基础上，再奋斗十五年，把我国建成富强民主文明和谐美丽的社会主义现代化强国"。[1] 实现社会主义现代化，是全国各族人民期盼已久的美好愿望，而农业农村现代化作为现代化的有机组成部分，在整个社会主义现代化中具有至关重要的作用。我国广大农村地区人口众多、发展基础薄弱、振兴难度较大。可以说，社会主义现代化能否如期实现，农业农村现代化、农民实现增收致富是其首要指标。

---

[1] 新华社.习近平：决胜全面建成小康社会 夺取新时代中国特色社会主义伟大胜利——在中国共产党第十九次全国代表大会上的报告[R/OL].（2017-10-27）[2024-4-12].https://www.gov.cn/zhuanti/2017-10/27/content_5234876.htm.

在这个意义上,实施乡村振兴战略是新时代做好"三农"工作的总抓手,事关整个社会主义现代化建设全局。实施乡村振兴战略,推进乡村经济快速发展,推动乡村社会治理和生态环境全面进步,提升广大农民综合素质,实现产业兴旺、生态宜居、乡风文明、治理有效、生活富裕,不仅能够为农业农村现代化的顺利实现提供坚实物质基础,而且能够为全面建设社会主义现代化国家提供保障。

第二章 乡村振兴战略的实施要求与规划

各地区各部门应该提倡城乡一体化发展思维,整合规划设计,加快制定乡村振兴地方规划和专项规划,确保乡村振兴工作有序进行,同时保障由上至下责任义务的落实到位。制定乡村振兴规划,明确整体方向、发展目标、政策措施和任务目标,可以有效地发挥社会主义体制的集中优势,有助于乡村集中资源办好重要事情,鼓励广大农民集思广益,形成团队发挥合作力量;有助于引导社会舆论,激发各方的积极性,发挥各方自身的创造力。

第一节 实施乡村振兴战略的总要求

一、总体思路

乡村振兴战略的创造性提出,确立了我国从根本上解决"三农"问题的指导思想和工作方针,是我们党"三农"理论发展的最新成果。

(一)指导思想

实施乡村振兴战略,要全面贯彻党的十九大精神,以习近平新时代中国特色社会主义思想为指导,加强党对"三农"工作的领导,坚持稳中求进工作总基调,牢固树立新发展理念,落实高质量发展的要求,紧紧围绕统筹推进"五位一体"总体布局和协调推进"四个全面"战略布局,坚持把解决好"三农"问题作为全党工作重中之重,坚持农业农村优先发展,按照产业兴旺、生态宜居、乡风文明、治理有效、生活富裕的总要求,建立健全城乡融合发展体制机制和政策体系,统筹推进农村经济建设、政治建设、文化建设、社会建设、生态文明建设和党的建设,加快推进乡村治理体系和治理能力现代化,加快推进农业农村现代化,走中国特色社会主义乡村振兴道路,让农业成为有奔头的产业,让农民成为有吸引力的职业,让农村成为安居乐业的美丽家园。

另外,要全面贯彻落实党的二十大精神,深入贯彻落实习近平总书记关于"三农"工作的重要论述,坚持和加强党对"三农"工作的全面领导,坚持农业农村优先发展,坚持城乡融合发展,强化科技创新和制度创新,坚决守牢粮食安全,防止规模性返贫,扎实推进乡村发展、乡村建设、乡村治理等重点工作,加快建设农业强国,建设宜居宜业和美乡村,为全面建设社会主义现代化国家开好局、起好步。

(二)基本原则

1. 坚持党管农村工作

毫不动摇地坚持和加强党对农村工作的领导,健全党管农村工作方面的领导体制机制和党内法规,确保党在农村工作中始终总揽全局、协调各方,为乡村振兴提供坚强有力的政治保障。

2. 坚持农业农村优先发展

把实现乡村振兴作为全党的共同意志、共同行动,做到认识统一、步调一致,在干部配备上优先考虑,在要素配置上优先满足,在资金投入上优先保障,在公共服务上优先安排,加快补齐农业农村短板。

3. 坚持农民主体地位

充分尊重农民意愿,切实发挥农民在乡村振兴中的主体作用,调动亿万农民的积极性、主动性、创造性,把维护农民群众根本利益、促进农民共同富裕作为出发点和落脚点,促进农民持续增收,不断提升农民的获得感、幸福感、安全感。

4. 坚持乡村全面振兴

准确把握乡村振兴的科学内涵,挖掘乡村多种功能和价值,统筹谋划农村经济建设、政治建设、文化建设、社会建设、生态文明建设和党的建设,注重协同性、关联性,整体部署,协调推进。

5. 坚持城乡融合发展

坚决破除体制机制弊端,充分发挥市场在资源配置中的决定性作用,更好地发挥政府作用,推动城乡要素自由流动、平等交换,推动新型工业化、信息化、城镇化、农业现代化同步发展,加快形成工农互促、城乡互补、全面融合、共同繁荣的新型工农城乡关系。

6. 坚持人与自然和谐共生

牢固树立和践行绿水青山就是金山银山的理念，落实节约优先、保护优先、自然恢复为主的方针，统筹山水林田湖草系统治理，严守生态保护红线，以绿色发展引领乡村振兴。

7. 坚持改革创新、激发活力

不断深化农村改革、扩大农业对外开放，激活主体、激活要素、激活市场、调动各方力量投身乡村振兴。以科技创新引领和支撑乡村振兴，以人才汇聚推动和保障乡村振兴，增强农业农村自我发展动力。

8. 坚持因地制宜、循序渐进

科学把握乡村的差异性和发展走势分化特征，做好顶层设计，注重规划先行、因势利导，分类施策、突出重点，体现特色、丰富多彩。既尽力而为，又量力而行，不搞层层加码，不搞一刀切，不搞形式主义和形象工程，久久为功，扎实推进。

二、目标任务

《中共中央 国务院关于实施乡村振兴战略的意见》对实施乡村振兴战略进行了全面的安排和部署，并提出了明确的实施乡村振兴战略的目标任务，即到2020年，乡村振兴取得重要进展，制度框架和政策体系基本形成；到2035年，乡村振兴取得决定性进展，农业农村现代化基本实现；到2050年，乡村全面振兴，农业强、农村美、农民富全面实现。

三、重点方向

乡村振兴战略，本质上是社会主义新农村建设的升华版。与社会主义新农村建设不同，乡村振兴战略强调了更多方面的要点和更一贯的思路，为我国实现农业全面升级、农村全面发展、农民全面进步提供了重点方向。

（一）乡村振兴，产业兴旺是重点

现代农业的进步是社会经济繁荣、产业兴旺的关键，其核心内容是通过创新产品、技术、制度、组织和管理方法，促进种植、畜牧、渔业和农产品加工行业的发展，以促使这些领域向更高效、科技化、标准化和有组织的方向转变。其一，实现现代农业的进步关键在于培养新型农民、引入合适规模经营、推广外包服务，并倡导绿色农业理念；其二，推动农村各领域全面发展，促进农业产业链的扩张，可使农民有更多的机会发挥创造力、提高自身收入。

（二）乡村振兴，生态宜居是关键

生态宜居强调村庄环境整洁、基础设施完善，要求乡村遵循生态文明原则，尊重、适应和珍惜自然，对用人工生态系统代替自然生态系统的做法持否定态度。生态宜居倡导乡村保存特色，保护乡村环境，改善乡村生态系统，促进人类与自然之间的和谐共生，致力于营造宜居的乡村环境，进而为乡村质量的提升提供保障。

（三）乡村振兴，乡风文明是保障

乡村建设不仅需要促进乡村文化、教育、卫生等方面的进步，还需要提高乡村整体基础公共服务水平。同时，乡村建设还涉及积极弘扬社会主义核心价值观、传承尊重传统美德的精神，如遵守规章制度、尊重长者、关爱孩童和促进邻里和睦，其目标是努力促进乡村传统文化与现代社会文明的交融。另外，积极吸取国内外乡风文明的精华，使乡风文明与时俱进，既是我国发展乡风文明的有效举措，也是乡村建设的关键部分。

（四）乡村振兴，治理有效是基础

随着治理水平的提高，乡村振兴战略的推进效果也会更加显著。为了实现这一目标，政府等有关部门必须建立完善的乡村社会治理机制，保证党委主导、政府负责、社会协同、公众参与和法治保障，各方面协同配合。同时，政府应优化农村管理机制，综合运用自治、法治、德治等多种手段，加强基层农村工作，强化基层党组织在农村的建设，促进村民自治实践，努力构建和谐稳定的乡村社会。政府还要加强党群、干群关系，有效平衡农民个人和集体利益、眼前和长远利益，促进乡村社会稳定繁荣。

（五）乡村振兴，生活富裕是根本

乡村振兴的目标是提高农民的生活水平。如今我国乡村在提高农民收入、减轻农民生活负担、缩小城乡收入差距等方面取得了明显进展，这为我国朝着共同富裕的目标迈进提供了一定的支持。

四、核心要素

实施乡村振兴战略的立足点是解决社会主要矛盾，其核心在于协调政策、改革、产业、资本、技术、环境和合作7个关键要素。

（一）政策是保障，"输血"变"造血"

脱贫攻坚任务完成后，乡村振兴仍需要政策支持，以促进乡村振兴与脱贫攻坚的有效衔接，保障政策的连贯性。要认真落实各级政府农村工作会议安排部署，筑牢底线思维，将巩固拓展脱贫攻坚成果放在突出位置，健全防止返贫动态监测和帮扶机制，做到早发现、早干预、早帮扶，持续压实责任、精准施策、补齐短板、消除风险，坚决守住防止规模性返贫的底线，为促进脱贫攻坚成果同乡村振兴的有效衔接奠定坚实基础。要按照"应纳尽纳、应扶尽扶、应消尽消"原则，在常态化识别管理基础上，一定时间内集中开展监测对象动态管理工作，包括监测对象识别、标注风险消除、信息采集更新等。

（二）改革是动力，基层更善治

要充分发挥基层党组织在创建美好乡村家园中的关键作用，鼓励村民踊跃参与乡村建设。要通过引入"村集体+""党支部+""合作社+""社团组织+"等方式，解决农村社会分散化问题，同时建立现代乡村社会治理机制，以协同当地党委政府主导、市场运作、村民参与等方面，促进社会统一发展，为实施乡村振兴战略提供法治保障。要加强乡镇干部配备，提升干部政治素质，做好群众基础工作，妥善解决矛盾纠纷和问题，做好国家政策和法律法规的普及工作。要联合上级政法、基建、公安等部门，深入推进扫黑除恶专项斗争，依法严厉打击对农村生产建设造成严重影响的活动，依法严厉打击危害乡村社会稳定的活动，依法严厉打击侵害农民利益的活动，健全自治、法治、德治相结合的乡村治理体系。

（三）产业是基础，产品变商品

要利用乡村美丽的自然环境和当地传统文化特色，提高休闲农业和乡村旅游的收入，建立一个独特且设施完备的旅游目的地，让游客体验丰富多彩的活动。要优化不同领域间的创新合作方式，如农业与旅游、电子商务与旅游、扶贫和旅游等，创造独特多样且能个性化定制的旅游产品，以促进乡村旅游业竞争力的不断提升。要充分发掘农业的潜力，促进农产品实现深度加工，推动农村新兴服务行业的发展，扩大产业链，探索新的商业模式，增加农业附加值，促使农业、工业和服务业更加紧密地联系在一起。要推动乡村当地农业与知名企业合作，丰富旅游项目，培育特色农产品，实施质量认证和文化发掘等措施，设计具有地方特色和文化风情的纪念品，打造具有吸引力的旅游商品。要推行"乡村旅游商品供应计划"，以满足游客对高品质农村产品的需求。除此之外，要考虑创建一个电子商务平台，优化物流配送系统，确保商品物流畅通。

（四）资本是杠杆，村民变股民

要充分发挥财政政策、产业政策的引导带动作用，不断增强社会资本投资农业农村的信心，充分调动社会资本投资农业农村的积极性；强化组织功能，鼓励村民积极参与村民自治组织建设，设计合理的权力结构和监督机制，切实代表村民利益；探索建立"党支部+旅游公司+农民合作社+互联网+农户"的利益联结机制，提高农民收入；对农村分散、闲置的资产、资金进行整合，坚持能力互补、信息共享、风险均摊，以规模化效应处理个体农户不易办到、政府部门不能包办的事情，让村民通过资金、土地、林地、劳动力等资源入股，实现"资源变资产、资产变股金、农民变股东"（以下简称"三变"）。

（五）技术是支撑，城乡更融合

要推动区块链、大数据、物联网、遥感、人工智能等技术的应用与创新，推进数字农业产业集聚发展，打造一批覆盖全服务链条的智慧乡村。可以邀请知名专家提供高端智力支持，充分整合现有的技术、人才和平台等资源，面向乡村振兴重点领域的技术瓶颈和技术需求，开展乡村振兴规划编制、特色农作物栽培、农产品安全检测、农产品电商平台建设等工作，策划实施一批特色农产品精深加工、农村人居环境改善、农村中小学校场景化智慧阅读等项目，以科技赋能和智力帮扶促进乡村振兴。要推进生态果蔬采摘园、插花艺术体验园、植物科普园和观赏园等建设，吸引更多城市居民体验乡村之美，助推农民增收致富。

（六）环境是优势，资源变资产

农业农村基础设施和公共服务是乡村环境的核心要素，既需要加强硬件设施建设，也需要改善软件条件，优化乡村生产生活环境。良好的生态环境是最公平的公共产品，是最普惠的民生福祉，是乡村发展的宝贵财富和最大优势。乡村振兴需要厚植生态底色，突出发展特色，彰显乡村本色。一方面，要守住乡村的生态资源，秉承"绿水青山就是金山银山"理念，打造"让城市融入大自然，让居民望得见山、看得见水、记得住乡愁"的生态宜居的美丽乡村；另一方面，要不断改善村庄的物质环境，提高公共服务和基础设施供给水平，建成高质量的品质社区，提升乡村对人的吸引力。

（七）合作是外因，动力更持续

乡村振兴需要借助外力，发挥城市与乡村各自的优势，推动合作共赢。考虑到乡村发展基础薄弱、与城市发展差距较大、建设理论和实操经验不足等情况，在现阶段，我们需要对刚刚脱贫地区"扶上马、送一程"。中央出台对区域中心城市帮扶的激励政策至关重要，为中心城市继续对口帮扶提供政策保障，这可以消除中心城市的顾虑，让中心城市在帮扶过程中与乡村共享发展红利，实现双方共赢。围绕乡村产业发展，充分运用现代科技构建不同领域的平台，如农村大数据产业平台、商品交易平台、资源整合平台和乡村文化创新平台等，支持农村振兴，促进地区的经济繁荣，推动城乡协作。

五、评价体系

要深入贯彻落实乡村振兴战略，不仅要积极落实相关政策，还需要及时对该战略的实施过程和效果进行具体量化评估，以便准确评价乡村振兴的进展和成果，确保工作高效进行。所以，在推进和实施乡村振兴战略时，需要建立科学全面的评价指标体系。

（一）构建评价指标体系的意义

2018年中央一号文件以乡村振兴战略为主线，全面部署了实施乡村振兴战略的时间表和路线图，各级党委和政府也开始结合当地实际情况制定实施乡村振兴战略的具体举措。2024年中央一号文件《中共中央 国务院关于学习运用"千村示范、万村整治"工程经验有力有效推进乡村全面振兴的意见》中再次提到乡村振兴，提出推进乡村全面振兴"路线图"。相关部门构建科学、有效的乡村振兴评价指标体系，一方面，可以在省级层面对乡村振兴水平进行横向比较，进而系统地梳理各省的发展优势和薄弱环节，明确乡村振兴的工作重点、难点和努力方向，为因地制宜、分类指导推进各地乡村振兴进程提供量化管理依据；另一方面，可以利用评价指标体系对不同乡村地区进行监测、评价和对比，有利于总结发现乡村振兴进程中的实践经验和存在的问题，并提出相应对策和建议，便于精准施策，以助力乡村全面振兴。

1. 有利于乡村振兴战略目标具体化

实施乡村振兴战略重点在乡村。乡村包含生态、经济、社会等多方面的、极其丰富的内容，是一个极其复杂的特大系统，要按照"产业兴旺、生态宜居、乡风文明、治理有效、生活富裕"总要求，将党中央和国务院乡村振兴战略的目标具体化。构建实施乡村振兴战略的评价指标体系有利于对乡村振兴建设动态进行直观描述，有助于使乡村振兴的决策者和建设者明确努力方向和奋斗目标，并增强乡村振兴战略的前瞻性和可操作性。

2. 有利于乡村振兴战略实施监测和纠偏

构建实施乡村振兴战略的评价指标体系，可以对乡村振兴的进程进行全面、系统、科学的监测。这种监测不仅能够帮助我们及时发现乡村振兴过程中存在的各种问题，如生态环境恶化、产业"空心化"、农村教育资源不足等，还能够为政府和社会各界提供决策依据，指导乡村振兴战略的调整和优化。具体而言，通过利用评价指标体系进行监测，可以了解乡村振兴各方面的发展情况，包括经济发展、社会进步、文化繁荣、生态保护等。这些指标可以反映乡村振兴的成效和进度，也可以揭示其存在的问题和短板。例如，如果乡村产业"空心化"严重，那么经济发展指标就会受到影响；如果生态环境恶化，那么生态保护指标就会下降；如果农村教育资源不足，那么社会进步指标就会受到影响。

针对监测结果，政府和社会各界可以采取针对性的措施，纠正发展中的偏差，保障乡村振兴战略沿着正确的轨道前进。例如，针对产业"空心化"问题，政府可以加大对农村产业的扶持力度，促进农村一二三产业的融合发展；针对生态环境问题，政府可以加强农村环境治理，推广生态农业、绿色农业等可持续发展模式；针对农村教育问题，政府可以加大对农村教育的投入，提高农村教育质量。

3. 有利于分类指导乡村振兴战略实施

因地制宜、分类推进地构建乡村振兴战略评价指标体系本质上是一个科学、系统的方法，我们可以从各地的评价指数出发，明确现有农村状况。这样的评价指标体系可以帮助我们科学地考量乡村振兴战略实施的真实质量水平，对不同地区的乡村振兴状况加以宏观把握，进而为分类指导各地乡村振兴战略的实施奠定量化管理的基础。

首先，评价指标体系能够全面考虑乡村振兴的各个方面，包括经济发展、社会进步、文化繁荣、生态保护等。通过设定一系列具有代表性的指标，如农业产值增长率、农民收入增长率、农村基础设施建设投入、农村教育资源配置、农村生态环境质量等，该体系可以全面反映乡村振兴的整体状况。

其次，评价指标体系中的各项指标需要根据各地的实际情况进行权重分配，以体现不同地区在乡村振兴过程中的特点和重点。例如，对于经济条件相对较好的地区，可以侧重于以生态环境保护和社会文化发展为指标；对于经济条件相对较差的地区，可以更加注重经济发展和基础设施建设。

最后，通过对这些指标进行定期监测和评估，可以及时发现乡村振兴过程中存在的问题和不足，进而为政府和社会各界提供决策依据，指导乡村振兴战略的调整和优化。同时，相应的评价结果也可以作为各地乡村振兴工作的重要参考，有助于相关部门激励各地积极创新、探索适合自身的发展路径。

总之，构建实施乡村振兴战略的评价指标体系是推进乡村振兴工作的重要手段，有利于相关部门分类指导乡村振兴战略实施，同时可以为各地提供科学、系统的决策支持和管理依据，促进乡村振兴战略取得实效。

（二）评价指标的选取

1. 科学性与普适性相结合

评价指标体系的科学性是指评价指标应该能客观、准确地展现乡村振兴在各个方面的现状、总体表现和未来改善的可能性。评价指标体系的普适性是指该体系适用于全国各地的横向比较，以及同一省份在不同时间内的纵向比较，可以基于该体系从多个方面了解各省乡村振兴发展的实际水平。

2. 系统性与可操作性相结合

乡村振兴的含义十分广泛，它涵盖农村政治、经济、文化、社会和生态等方面，而相应的评价指标体系的确立应该全面细致地考虑这些方面，以确保人们对乡村振兴各个方面的发展水平的综合评价准确科学。乡村振兴评价指标体系是一个综合评价体系，其作用是对乡村振兴的各个方面进行系统评估。评价指标需要经过量化或质化测量，随后与同类对象进行比较，才能确保其在综合评价中得到有效应用。要保证每个指标的经济含义易于理解，并确保指标评估结果具有可操作性，避免理论无法被付诸实践的现象出现。

3. 创新性与历史性相结合

创新性要求评价指标体系独具特色。目前我国对乡村振兴战略的监测评价仍处于初步阶段，尚未建立完善的标准和方法，缺乏可供参考的经验。所以，必须坚持努力并勇敢地探索新的领域，强化自身创新性。历史性要求评价指标体系重视传统和文化传承。评价乡村振兴战略需要综合考虑乡村历史和发展背景，同时结合传统评价标准，保留先进部分，淘汰过时和不适合的部分，从而推动乡村振兴战略的不断完善和发展。

4. 硬指标与软指标相结合

硬指标是评价指标体系中较为严格的标准，主要针对乡村在物质奖赏、经济扩展、个人薪酬、基础建设和社会保障等方面的表现进行评估，通常采用数量化的方法；软指标可以综合考虑文化、道德、社会进步、环境保护、乡村文化遗产的保护和乡村人才的培养等方面因素，该指标更具有综合性和灵活性，主要以描述性方式展示，不能单凭数字进行精确度量。因此，在运用软指标时，需要进行相应的分析和转换。以前，人们运用一些评价方法时，常常更注重硬指标，因为这类指标更容易被量化和测量，而不太关注具有定性特征的软指标。从宏观角度看，这种做法是不可取的。

（三）评价指标体系的设计

基于已有的研究乡村振兴评价指标体系的文献，按照乡村振兴战略的总要求，可以将产业兴旺、生态宜居、乡风文明、治理有效和生活富裕作为五个核心要素，来构建乡村振兴战略的指标体系。第一，产业兴旺是乡村经济建设的核心。可以通过促进农业供给侧结构性改革、培育乡村新兴产业、加强农产品品牌建设等措施，推动乡村产业高质量发展，促进农民增收致富，进而加强农村基础设施建设，提高农业生产效率和服务水平。第二，生态宜居是乡村生态建设的重点。需要坚持绿色发展理念，加强农村生态环境保护，强化农业面源污染防治和农业废弃物资源化利用。同时，还需要加强农村基础设施建设，提高农村公共服务水平，创造宜居宜业的乡村环境。第三，乡风文明是乡村文化建设的主线。需要加强农民思想道德建设和农村公共文化建设，提高乡村社会文明程度，还需要注重保护乡村文化遗产和传统文化资源，促进乡村文化繁荣发展。第四，治理有效是乡村政治建设的根本。需要加强基层党组织建设，提高基层治理能力，还需要加强农村法治建设，推进乡村治理体系和治理能力现代化。第五，生活富裕是乡村社会建设的基石。需要通过促进农民增收致富，完善社会保障制度，加强教育、医疗、卫生等公共服务的设施建设等措施，提高乡村居民生活水平。

在设计评价指标体系的过程中，需要注重这五个要素的协调发展、相互促进，使其形成合力，以构建乡村振兴的良好局面。同时，还需要注重制度保障和政策支持，建立健全城乡融合发展体制机制和政策体系，为乡村振兴提供有力保障。进行乡村振兴战略评价指标体系的设计要根据这五个要素来选取具体评价指标（表2-1-1）。

表2-1-1 乡村振兴战略评价指标体系

一级指标	二级指标	单位	属性
产业兴旺	粮食综合生产能力	亿吨	约束性
	农业科技进步贡献率	%	预期性
	农业劳动生产率	万元/人	预期性
	农产品加工产值与农业总产值比	—	预期性
	休闲农业和乡村旅游接待人次	亿人次	预期性

（续表）

一级指标	二级指标	单位	属性
生态宜居	畜禽粪污综合利用率	%	约束性
	村庄绿化覆盖率	%	预期性
	对生活垃圾进行处理的村占比	%	预期性
	农村卫生厕所普及率	%	预期性
乡风文明	村综合性文化服务中心覆盖率	%	预期性
	县级及以上文明村和乡镇占比	%	预期性
	农村义务教育学校专任教师本科以上学历比例	%	预期性
	农村居民教育文化娱乐支出占比	%	预期性
治理有效	村庄规划管理覆盖率	%	预期性
	建有综合服务站的村占比	%	预期性
	村党组织书记兼任村委会主任的村占比	%	预期性
	有村规民约的村占比	%	预期性
	集体经济强村比重	%	预期性
生活富裕	农村居民恩格尔系数	%	预期性
	城乡居民收入比	—	预期性
	农村自来水普及率	%	预期性
	具备条件的建制村通硬化路比例	%	约束性

1. 产业兴旺指标

该类指标主要用于反映乡村振兴过程中农业结构调整、农业产业链延伸、农业科技化水平和农业多功能开发利用程度。这个指标综合了五个二级指标：第一，粮食综合生产能力被用来评估农村在特定时间段内的粮食生产状况，可为粮食供应提供保障；第二，可以通过农业科技进步贡献率来评估农业科技进步贡献；第三，农业劳动生产率是用来衡量农民在农业生产中的工作效率的二级指标；第四，农业总产值中农产品加工产值所占比例，体现了农村经济中加工农产品的重要程度；第五，休闲农业和乡村旅游接待人次可以作为衡量农村第三产业发展水平的指标。

2. 生态宜居指标

该类指标主要用于反映乡村振兴过程中农业面源污染、人与自然和谐共生和乡村人居环境整治情况。该指标下设四个二级指标，其中畜禽粪污综合利用率可以体现农村对废物处理循环利用的效果；村庄绿化覆盖率是反映农村生态环境保护状况的重要指标；对生活垃圾进行处理的村占比可以反映农村对垃圾的处理情况，以及农村能否保持环境整洁；农村卫生厕所普及率可以反映农村环境卫生面貌和人民群众健康水平。

3. 乡风文明指标

构建乡风文明指标的主要目的是评估乡村振兴过程中文化教育设施建设、公共文化项目发展和优秀文化传承等方面的具体效果。这个指标包含了四个二级指标。具体而言，可以通过村综合性文化服务中心覆盖率衡量农村文化服务的整体水平；可以通过县级及以上文明村数量与乡镇数量的比例来评估农村地区参与建设文明乡镇的热情程度；可以通过农村义务教育学校中拥有本科以上学历的专任教师比例，来衡量农村学生的学业水平和学校的教学水准；可以通过农村居民教育文化娱乐支出占比来衡量他们的消费观念。

4. 治理有效指标

治理有效指标主要用于评估基层组织建设和乡村民主治理在推动乡村振兴过程中的真实表现，具体涉及五个二级指标，分别是村庄规划管理覆盖率、建有综合服务站的村占比、村党组织书记兼任村委会主任的村占比、有村规民约的村占比，以及集体经济强村比重。

5. 生活富裕指标

该类指标主要用于反映乡村振兴过程中农村居民收入和生活水平。该指标下设四个二级指标，其中农村居民恩格尔系数是衡量一个农村家庭富裕程度的主要标准之一；城乡居民收入比是衡量城乡收入差距的一个重要指标；农村自来水普及率可反映农村水利基础设施网络建设的状况；具备条件的建制村通硬化路比例可反映农村建设基础公共路段的情况。

第二节 科学编制乡村振兴战略规划

一、重大意义

2017年中央农村工作会议提出，走中国特色社会主义乡村振兴道路，制定国家乡村振兴战略规划，部署若干重大工程、重大计划、重大行动。2018年中央一号文件要求，强化乡村振兴规划引领作用，并要求各地区各部门编制乡村振兴地方规划和专项规划或方案。2018年9月26日，中共中央、国务院印发了《乡村振兴战略规划（2018—2022年）》。2019年6月，国务院发布了《国务院关于促进乡村产业振兴的指导意见》，该文件以习近平新时代中国特色社会主义思想为指导，全面贯彻党的十九大和十九届二中、三中全会精神，坚持农业农村优先发展总方针，牢固树立新发展理念，落实高质量发展要求。

随着2022年乡村振兴战略规划的相继完成，2023年2月，中共中央、国务院发布了《中共中央 国务院关于做好2023年全面推进乡村振兴重点工作的意见》，2024年2月，中共中央、国务院发布了《中共中央 国务院关于学习运用"千村示范、万村整治"工程经验有力有效推进乡村全面振兴的意见》，以此坚持不懈地夯实农业基础，推进乡村振兴的全面发展。在此背景下，探讨各省市县镇（乡）具体规划、方案，制定阶段性任务，把规划实施好、落实好，都具有重要作用和现实意义。

（一）规划引领是实施乡村振兴战略的重要保障

实施乡村振兴战略是党的十九大作出的重大决策部署。乡村振兴的战略定位决定了乡村振兴规划具有宏观战略性和前瞻性。乡村振兴规划是新型城乡关系下相关部门对乡村发展宏观把握、战略引导的纲领性指导谋划，以及对乡村经济、生态、文化、政治、社会等条件的全局性、战略性把握，也是我国推动乡村发展的实际需求。如何从实际出发，紧扣建设目标，把这件民生大事、实事做好做实，造福人民，是各级党政机关的重要工作。而在实施乡村振兴的过程中，做好规划编制工作、坚持规划引领，是乡村实现高质量发展的重要保障。

1. 实施乡村振兴战略要坚持规划先行

推动乡村振兴战略健康有序实行，要规划先行、精准施策。要强化乡村规划引领，把加强规划管理作为乡村振兴的基础性工作，实现规划管理全覆盖，这能进一步明确规划战略引领、刚性控制的重要作用。在实施乡村振兴战略过程中，必须把规划作为"先手棋"，放在"先行"地位。

2. 编制好乡村振兴战略规划是关键

我国的县级机构在政府各层级之间发挥着重要的桥梁作用，主要通过促进经济发展、保障人民生活、维护社会稳定来支撑整个体系。

编制一个符合多方面需求、现实情况和科学规划的县域乡村振兴规划，能够有效促进城乡居民融合，调整城乡的生产、生活和生态布局，建立城乡双向要素交流机制，促进新兴产业培育和增长，进而有助于推动乡村向更高质量的方向发展。县级政府在乡村振兴规划的编制和实施过程中扮演着关键的角色，其不仅是实施乡村振兴战略的中坚力量，也是推动乡村振兴事业的重要支持者和执行者。

（二）"多规合一"是统筹城乡发展空间的需要

乡村振兴需要综合考虑诸多方面的因素，包括但不限于产业发展、社会治理、生态保护、人才培养、文化传承与发扬，每个领域或行业都有其专属的发展轨迹和目标使命。为此，一些部门已经编制了专门的计划，但仍然难以有效解决内容重复问题和协调不足问题。编制乡村振兴战略规划有助于整合各专项和行业规划，明确乡村振兴的目标、任务和措施，推动各专项规划的有序实施，进而有助于建立统一的综合规划体系，可以在很大程度上促进城乡融合和区域协同发展。

1. 强化空间用途管制

《乡村振兴战略规划（2018—2022年）》对"强化空间用途管制"作出了明确要求：强化国土空间规划对各专项规划的指导约束作用，统筹自然资源开发利用、保护和修复，按照不同主体功能定位和陆海统筹原则，开展资源环境承载能力和国土空间开发适宜性评价，科学划定生态、农业、城镇等空间和生态保护红线、永久基本农田、城镇开发边界及海洋生物资源保护线、围填海控制线等主要控制线，推动主体功能区战略格局在市县层面精准落地，健全不同主体功能区差异化协同发展长效机制，实现山水林田湖草整体保护、系统修复、综合治理。

要全面落实国家和省主体功能区规划，强化城乡功能统筹，提升城乡基础设施互联互通水平，促进公共服务资源均衡配置，逐步打破城乡功能区域分割形态。要按照不同区域主体功能定位，开展资源环境承载能力和国土空间开发适宜性评价，科学划定"三区三线"空间格局，注重生态、农业、城镇"三区"空间和生态保护红线、永久基本农田保护红线、城镇开发边界三条主要控制线的衔接协调。

《全国国土规划纲要（2016—2030年）》作为我国首个国土空间开发与保护的战略性、综合性、基础性规划，一是确定了国土集聚开发、分类保护、综合整治"三位一体"的空间治理新体系；二是强化了集约、绿色的国土空间开发利用新方式；三是构建了国土空间发展的新格局；四是突出了以人民为中心的发展思路，充分发挥了规划对涉及国土空间开发、保护、整治等各方面活动的指导和管控作用，切实起到了对相关国土空间专项规划的引领和协调作用。

2. 完善城乡布局结构

《乡村振兴战略规划（2018—2022年）》对"完善城乡布局结构"作出了明确要求：以城市群为主体构建大中小城市和小城镇协调发展的城镇格局，增强城镇地区对乡村的带动能力。加快发展中小城市，完善县城综合服务功能，推动农业转移人口就地就近城镇化。因地制宜发展特色鲜明、产城融合、充满魅力的特色小镇和小城镇，加强以乡镇政府驻地为中心的农民生活圈建设，以镇带村、以村促镇，推动镇村联动发展。建设生态宜居的美丽乡村，发挥多重功能，提供优质产品，传承乡村文化，留住乡愁记忆，满足人民日益增长的美好生活需要。

城市群是在城市比较密集的区域内，由一个大都市依托便捷的交通条件和与周边城市的经济联系，逐步发展成的具有一体化趋势的城市共同体。城市群是工业化、城镇化进程中区域空间形态的高级现象，能够产生巨大的集聚经济效益，是经济社会不断发展、现代化水平逐步提高的重要标志。城市群具有产业高度化、结构等级化、城市功能化、交通网络化、城乡一体化等特征。

3. 推进城乡统一规划

《乡村振兴战略规划（2018—2022年）》对"推进城乡统一规划"作出了明确要求：通盘考虑城镇和乡村发展，统筹谋划产业发展、基础设施、公共服务、资源能源、生态环境保护等主要布局，形成田园乡村与现代城镇各具特色、交相辉映的城乡发展形态。强化县域空间规划和各类专项规划引导约束作用，科学安排县域乡村布局、资源利用、设施配置和村庄整治，推动村庄规划管理全覆盖。综合考虑村庄演变规律、集聚特点和现状分布，结合农民生产生活半径，合理确定县域村庄布局和规模，避免随意撤并村庄搞大社区、违背农民意愿大拆大建。加强乡村风貌整体管控，注重农房单体个性设计，建设立足乡土社会、富有地域特色、承载田园乡愁、体现现代文明的升级版乡村，避免"千村一面"，防止乡村景观城市化。

城乡融合发展不是"摊大饼"，而是一项需要长期努力的系统工程，需要科学规划、注重质量。要创新规划理念，放大规划格局，突出问题导向。在乡村振兴规划的编制和实施过程中，要增进乡村振兴战略规划同新型城镇化规划的协调性，更好地引领和推进乡村振兴与新型城镇化"双轮驱动"，更好地建设彰显优势、协调联动的城乡区域发展体系，为建设现代化经济体系提供扎实支撑。

（三）规划先行是优化乡村发展布局的需要

长久以来，我国持续提高农业整体生产能力，为确保供应、提升民生水平以及维护经济增长作出了重要贡献。然而，随着农业发展速度加快，农业和农村之间在生产、生活和生态方面的不平衡现象正在变得越来越明显，这一现象对农业实现卓越发展提出了一定的挑战。有效编制乡村振兴规划策略，整合农村地区的布局，优化农业的生产结构，可以在很大程度上促进适应资源环境容量、乡村居民居住和生态环境需求的农业发展模式的构建。

1. 统筹城乡发展空间

要统筹城乡发展空间，优化城乡布局，强化城市对农村的辐射带动作用，打造各具特色且相互衬托的田园乡村和现代都市，助力农村向美丽、宜居、繁荣方向发展。

2. 确保城乡统一规划

城市和乡村协同发展的前提，是确保城市和乡村统一规划。要促进城乡发展一体化，推动产业间融合，加强基础设施连接，普及公共服务，实现资源共享并保护生态环境；要通过城乡统一规划，进一步推动农村发展。

3. 完善城乡融合发展的政策体系

要重塑城乡关系，向改革要动力，推动人才、土地、资本等要素在城乡之间的双向流动、平等交换，为乡村振兴注入新动能。

二、规划体系

乡村振兴战略规划体系是以国家乡村振兴战略规划为纲领，构建省域乡村振兴战略规划，市、县乡村振兴总体规划，村、镇乡村振兴详细规划，结合行政区划、农业主体功能定位、区域综合发展水平、村镇区位条件，研究乡村振兴战略规划的实施机制。

（一）规划体系分级

目前，国家要求编制国家级、省级、县级乡村振兴战略规划，其中，国家级属于纲领性规划，省级属于政策性规划，县级属于实施性规划。市级乡村振兴战略规划，笔者认为也有其存在的价值。市级乡村振兴战略规划应"承上"，即落实国家、省、市关于乡村振兴的政策与实施意见，以及"启下"，即识别市域乡村地区的总体特征，确立指导市域内不同发展区域、不同类型村庄的振兴指导方案。市级规划中的实施指导内容，将在县级规划中被定位至每个村的振兴目标及路径中，这是乡村振兴战略规划的分级规划传导模式。乡村振兴战略规划体系主要由总体规划和专项规划或行动方案构成，国家、省、市、县均应编制乡村振兴战略规划，县级乡镇应因地制宜，编制乡村振兴实用性规划。

1. 国家规划

2018年9月，中共中央、国务院印发了《乡村振兴战略规划（2018—2022年）》，对实施乡村振兴战略第一个五年工作作出了具体部署。按照到2020年实现全面建成小康社会和分两个阶段实现第二个百年奋斗目标的战略部署，该文件强调我国在2018年至2022年这五年间既要在农村实现全面小康目标，又要为基本实现农业农村现代化开好局、起好步、打好基础。为此，该文件要求：到2020年，乡村振兴的制度框架和政策体系基本形成，各地区各部门乡村振兴的思路举措得以确立，全面建成小康社会的目标如期实现。到2022年，乡村振兴的制度框架和政策体系初步健全。该文件还提出了构建乡村振兴新格局、加快农业现代化步伐、发展壮大乡村产业、建设生态宜居的美丽乡村、繁荣发展乡村文化、健全现代乡村治理体系、保障和改善农民民生、完善城乡融合发展政策体系八个方面的重点任务。

2023年，中共中央、国务院发布了《中共中央 国务院关于做好2023年全面推进乡村振兴重点工作的意见》，该文件强调：举全党全社会之力全面推进乡村振兴，加快农业农村现代化。强国必先强农，农强方能国强。要立足国情农情，体现中国特色，建设供给保障强、科技装备强、经营体系强、产业韧性强、竞争能力强的农业强国。

国家乡村振兴战略规划是乡村振兴战略的顶层设计和总体部署，是各部门、各地区编制乡村振兴战略规划的重要依据和具体指南，它不仅描绘了实施乡村振兴战略的宏伟蓝图，也为我国在未来五年实施乡村振兴战略细化、实化了工作重点和政策措施，部署了一系列重大工程、重大计划和重大行动。各部门、各地区编制乡村振兴战略规划，既要注意结合本部门、本地区实际，以更好地贯彻国家乡村振兴战略规划的战略意图和政策精神，也要努力做好同国家乡村振兴战略规划的衔接协调工作。这不仅有利于推进国家乡村振兴战略规划更好落地，也有利于各部门、各地区推进乡村振兴的行动更好地对接国家发展的战略导向、战略意图，从而争取国家重大工程、重大计划、重大行动的支持。

2. 省级规划

省级行政单元要把实施乡村振兴战略摆在优先位置，把坚持农业农村优先发展的政策落到实处，因地制宜地对接国家乡村振兴战略规划体系，按照地方实际积极开展省域乡村振兴示范试点工作，建立健全城乡融合发展政策体系。

省级党委和政府要强化自身在实施乡村振兴战略中的主体责任，按照国家乡村振兴战略规划体系绘制好的战略蓝图，坚持工农业和城市、农村一起抓，促使各级干部主动担当作为，把农业农村优先发展原则落实到各个方面。同时要对接国家乡村振兴战略规划部署的重大工程、重大计划、重大行动等，积极作为，切实发挥向上衔接和向下落地的作用，因地制宜、分类有序对接好国家各部门，争取项目、资金政策在省域内落地实施。

3. 县级规划

县级行政单元要以制定全域乡村振兴战略规划为重点，树立城乡融合、一体设计理念，并系统落地乡村振兴战略中的产业、空间、环境、政策等任务。

县级乡村振兴战略规划被认为是决定县级乡村振兴工作方向的关键要素，应在编制过程中充分借鉴上级乡村振兴战略规划的经验。在规划等级不断降低的情形下，规划内容需要更加具体和详细，同时规划编制者必须考虑不同地区的独特之处，以凸显各地区的特色。一是要顺应城乡融合发展大势。坚持乡村振兴和新型城镇化"双轮驱动"，整体考虑城镇和乡村发展问题。二是要加快发展特色小镇和小城镇。坚持"小而特、小而强"原则，挖掘产业特色、人文底蕴和生态禀赋，因地制宜地开发一批科创、文创、旅游、电商、康养等特色小镇和果蔬、花木、生态等专业小城镇，并将特色小镇和小城镇建设成为承载部分新经济、新模式、新业态发展的重要载体。三是要建设生态宜居美丽乡村。以生态、宜居为导向建设美丽乡村，发挥乡村的多元化优势，为城镇消费者提供更多的优质农产品。

要结合县域发展的实际情况，通盘考虑城镇和乡村发展问题，调动各方积极性、主动性、创造性，系统谋划乡村振兴战略实施路径。一是要统一谋划，推进县域内"多规合一"落地。一体设计县域的产业发展、基础设施、公共服务、资源利用、生态建设和环境保护等主要布局，强化县域空间规划和各类专项规划衔接，形成田园乡村与现代城镇各具特色、交相辉映的城乡发展形态。二是要科学编制不同类型村庄建设规划。以农村人居环境整治为重点，根据村庄现有条件和发展需求，科学安排县域乡村布局、资源利用、设施配置和村庄整治等工作，推动村庄规划管理全覆盖，落地县域内乡村振兴战略任务，优化乡村生产、生活、生态空间。三是要将村域作为整体单元进行统一建设和经营。在尊重农民意愿的前提下，深化农村"三变"改革，探索以农民和村集体土地权益作价入股的途径，与社会资本合作组建市场化的开发平台公司，统筹建设村域的农民社区、田园综合体和基础设施，统一运营村域的田园综合体发展现代农业，以吸引城市居民到农村生活创业、休闲体验、养老养生等，还要同步实现农村面貌改善、现代农业发展、农民就业增收的乡村建设目标。

（二）规划衔接

要加强各类规划的统筹管理和系统衔接，构建城乡融合、区域一体、"多规合一"的规划体系。乡村振兴战略总体规划编制要与国民经济规划、土地利用规划、城乡建设规划、生态保护规划等相衔接，这是保障乡村振兴战略规划科学制定与实施的重要前提与基础。

1. 与国民经济和社会发展规划、新型城镇化等规划的衔接

要促进乡村振兴战略规划与国民经济和社会发展规划、新型城镇化等战略性、基础性、约束性规划的衔接。国民经济和社会发展规划是统领全国或者某一地区规划期内经济社会发展的行动纲领，是政府对本辖区国民经济和社会发展的全面部署和总体安排，是相关部门编制各级各类规划的基本依据。在编制乡村振兴战略规划时，相关部门要与国民经济和社会发展规划充分衔接。乡村振兴战略与新型城镇化战略是驱动现代化进程这架"马车"的"双轮"，这表明乡村振兴战略规划需立足于新时代城乡融合发展理念，充分考虑与新型城镇化规划的协调关系，以推动城市与乡村同步发展。

2. 与国土空间规划的衔接

目前，中国正在努力建立空间规划体系，其重点是确保各项规划在空间布局方面保持一致和协调，以促进空间资源的合理保护和有效利用。需要注意的是，土地在人类的生活中扮演着重要的角色，所以提高国土空间管理水平对于有效推进乡村振兴战略至关重要。除此之外，乡村振兴战略规划强调综合发展，具体涉及生态、经济、政治、文化、社会五个方面的要素。乡村振兴战略规划作为一项长远发展策略，能够从总体设计的角度促进农村的未来发展，也有助于改善城乡之间的关系。因此，乡村振兴战略规划应在国土空间规划方面发挥主导作用，二者应保持一致，以推动乡村振兴战略的有效实施。

3. 与美丽乡村规划、乡村规划等系列发展规划的衔接

乡村振兴规划应当与美丽乡村规划、乡村规划等相关发展规划保持协调一致。虽然美丽乡村规划、乡村规划和乡村振兴战略规划都以促进乡村发展为目标，但是它们着重考虑的方面和追求的方向有明显区别。例如，美丽乡村规划注重在综合发展方面促进经济、生态等方面的发展，它与乡村振兴战略规划在发展目标上是较为不同的。一方面，美丽乡村规划强调科学发展和生产，而乡村振兴战略规划注重推动产业兴旺；另一方面，美丽乡村规划强调乡村保持整洁有序，而乡村振兴战略规划则注重营造宜居的乡村生态环境。并且，美丽乡村规划推崇民众的

参与，而乡村振兴战略规划注重有效的管理。乡村振兴战略规划所提出的要求与标准更为严格，其涵盖的范围也更加广泛。乡村规划是引领乡村发展和建设的关键指导原则之一，旨在创造整洁、清新的乡村环境，其在乡村振兴进程中扮演着重要的"生态宜居"角色。应该意识到，许多涉及美丽乡村规划和乡村规划的观念和实践经验，都可为制定和执行乡村振兴战略规划提供重要的理论指导。所以，在编制乡村振兴战略规划方面，可以从整合这些规划的理念和思维的角度入手。

三、编制思路和方法

（一）发挥规划导向作用

乡村振兴战略规划应当坚持追求产业发展、改善生态环境、倡导文明风尚、强化治理效能、提升居民生活水平的总体目标，应与中央精神相契合，借鉴国内先进做法，全面策划乡村振兴战略，充分发挥规划的导向作用。产业兴旺要突出农业供给侧结构性改革和完善农业产业体系、生产体系、经营体系，促进农业产业转型升级、提质增效。生态宜居要突出生态环境治理和保护，建设家园美、田园美、生态美、生活美的美丽宜居乡村。乡风文明要突出培育文明乡风、良好家风、淳朴民风，不断提高乡村社会文明程度。治理有效要突出构建以党建为引领、自治为基础、法治为保证、德治为支撑的乡村治理体系，促进农村社会和谐有序。生活富裕要突出拓宽农民就业渠道和提高农村民生保障水平，走共同富裕之路。体制机制创新要突出建立健全城乡融合发展的体制机制和政策体系，形成工农互促、城乡互补、全面融合、共同繁荣的新型工农城乡关系。要建立以县域建设为指导的编制体系，推动以环境整治和农房管理为重点的实用性村庄规划编制。

规划编制要突出重大行动、重大工程、重大项目。要细化工作重点，完善政策举措，有针对性地提前谋划一批增后劲、补短板、促均衡、上水平的重大工程、重大项目，突出全局性、标准性和带动性，进而从根本上解决"三农"发展不平衡、不充分问题。要确保规划站位高、落地实、符合国家精神、契合区域实际。

（二）树立科学规划思维

践行乡村振兴战略是一项有着深远历史意义的长期任务，需要合理规划，重视质量，扎实地开展基础设施建设，在取得成功的过程中不可急功近利，更不能追求速效。在实施乡村振兴战略的过程中，要坚持因地制宜、循序渐进的原则，避免过度扩张、激进做法和空洞表态，应持之以恒，稳步推进。在编制乡村振兴规划的过程中，要特别注意体现其战略性和前瞻性。

科学规划思维是编制乡村振兴战略规划的前提，它对规划内容编制引领和规划实施落地都起到重要的引导作用，是乡村振兴战略规划的精髓所在。在凝练乡村振兴战略规划思维的过程中，应充分注重"顶天"和"立地"。"顶天"是指在规划思维上，一方面要充分梳理村庄发展的宏观背景，深入贯彻党的二十大精神、国家战略、各级规划的发展定位等；另一方面要做好顶层设计，提出规划指导思想、规划原则、建设目标、功能目标、产业目标等，并通过对机制创新和制度设计的探索，促进形成具有辨识度的发展体系，避免乡村振兴战略规划陷入大拆大建和"千村一面"的困境。"立地"是指在进行乡村振兴战略规划编制之前，应进行大量深入调研，一方面对乡村的气候生态、历史文化、农业产业、经济社会、区位交通等资源禀赋条件进行系统梳理与深度分析，做到心中有数；另一方面对资源禀赋相似的村庄发展经验进行学习借鉴，再结合实际情况，对可以参考的经验、可以引进的产业、可以合作的项目等进行统筹考虑，做到统筹资源，使其为己所用。

重视规划的战略思维，要注重乡村振兴战略规划的开放性和包容性。增强规划的开放性，要注意选择由外及内的规划视角，综合考虑外部环境变化、区域或城乡之间竞争与合作关系演变、新的科技革命和产业革命，以及交通路网、信息网发展和转型升级对本地区、本部门实施乡村振兴战略的影响，规避因规划的战略定位简单粗浅、战略手段模仿复制，导致乡村振兴区域优势和竞争特色弱化，进而使得乡村振兴低质量发展。增强规划的包容性，不仅要注意对不同利益相关者的包容，调动一切积极因素参与乡村振兴；还要注意区域之间、城乡之间发展的包容，积极引导部门之间、区域之间、城乡之间加强合作，如引导区域之间联合打造区域品牌，合作打造公共服务平台、培育产业联盟等。实际上，增强乡村振兴战略规划的开放性和包容性，有利于推进乡村产业振兴、人才振兴、文化振兴、生态振兴和组织振兴，增强乡村振兴的协同性、关联性和整体性，统筹提升乡村的多种功能和价值，有利于在开放、包容中培育乡村振兴的区域特色和竞争优势。

（三）拓宽规划编制视野

在制定乡村振兴战略编制方案时，需要创新规划理念、加大落地实施力度，重点关注"六个突出"。

1. 突出规划的思想性

要在深入理解习近平总书记关于"三农"工作的重要论述的基础上，全面把握其丰富内涵和要求，并将关于乡村振兴战略方面的新理念、新观点和新措施纳入规划编制工作的范畴。在对编制过程进行预期规划时，规划者应该积极倾听农民的意见和需求，重视农业产业的创新引领作用，并综合考虑质量、品牌、转型等因素。同时，应遵循农村发展规律，充分保护农村的自然环境和传统文化，以提高规划质量，丰富规划内涵。

2. 突出规划的创新性

在注重乡村发展、农村问题和生态保护的基础上，应积极寻求解决方案，推动农业创新和发展新型业态的实践。可以通过引入互联网、旅游和生态等元素，重新设计农村空间布局和经济地理结构；积极支持并开设农业供给侧结构性改革试点、农村集体所有制改革试点、农村金融体系综合改革试点，确保其在全国范围内保持领先地位。可以通过推动产业融合、优化村庄布局、提升空间美学水平，促进乡村文化传承和振兴，保护历史文化遗产，传承乡土风情，彰显地方特色，保留珍贵的乡愁情感。要努力保护建筑和植被，珍惜大自然，保护水域，保障原生生态系统平衡，传承文明，启迪智慧，合理利用资源，激发活力，为落实乡村振兴战略贡献力量。

3. 突出规划的融合性

在编制方案时，要坚持促进城乡和谐发展，秉持一、二、三产业融合发展的原则，努力促成以下"五个结合"：密切结合生产发展、农民收入增长和生态保护目标；密切结合乡村布局改善与新农村规划；密切结合农业主导的村庄发展与特色文旅型村庄建设；密切结合乡村发展与生态环境综合治理；密切结合、协调乡村建设的不同制度构建工作。

4. 突出规划的系统性

要持续编制长期发展规划和具体执行方案，以确保市县发展战略与乡村发展规划协调一致，并努力建立多元化的乡村振兴机制。为了有效落实乡村振兴战略，相关部门需要制订长中短期计划，同时编制示范县、乡、村规划方案，建立完善的乡村振兴战略规划体系，以实现乡村与市县协同推进、全方位规划、公众广泛参与和示范引领的目标。

5. 突出规划的操作性

要集中精力协调各项规划，强化乡村与国家、省级乡村振兴战略规划，以及所在市县的城乡总体规划、土地利用总体规划的对接，以保证乡村振兴战略规划的贯彻执行始终围绕核心目标开展，进而为实践提供重要的基础和指导。要突出乡村振兴战略规划在地理空间层面的实际执行，兼顾文字和地图引导的结合，重点加大对关键项目和重要工程的支持力度，保障规划核心部分能够有效地付诸实践，从而使得规划的操作性特征得到强化。

6. 突出规划的开放性

要坚持以开放的规划思维，从更广泛的范围和视角出发，科学制定乡村振兴战略；基于"开门编规划"，保持开放心态，通过举行座谈会、实地走访和开展调查等方式，积极征集相关部门领导、乡镇干部和农民群众的观点和建议，同时积极邀请各地农业专家参与指导规划工作；怀着求学的态度，向已经在乡村振兴方面取得成功的地区（如浙江、江苏、山东等）借鉴学习实践经验，以有效强化规划编制的整体效果。

第三章 乡村振兴战略的体系建设

乡村"五个振兴"（产业振兴、人才振兴、文化振兴、生态振兴、组织振兴）各有侧重、相互作用，必须准确把握其科学内涵和目标要求，聚焦关键环节，明确主攻方向，统筹谋划新时代农业农村现代化的实现路径，以强化乡村振兴战略的体系建设。

第一节　产业振兴

乡村振兴的物质基石在于产业振兴。产业作为农村经济的支柱，对于推动农业现代化、解放农村生产力具有至关重要的意义。同时，产业的发展也可为农村劳动力提供就近就地就业的机会，可为农民增收致富铺平道路。因此，必须高度重视产业发展，为实现乡村全面振兴提供坚实的物质基础。

一、乡村产业的内涵及类别

一般而言，产业是指由利益相互联系的、具有不同分工的各个相关行业所组成的业态总和。在经济研究和经济管理中，通常采用三次产业分类法来界定产业：第一产业是指农、林、牧、渔业（不含农、林、牧、渔专业及辅助性活动）；第二产业是指采矿业（不含开采专业及辅助性活动），制造业（不含金属制品、机械和设备修理业），电力、热力、燃气及水生产和供应业，建筑业；第三产业即服务业，是指除第一产业、第二产业以外的其他行业。农村产业从理论内涵上讲包括三个产业，即农业、农村工业、农村服务业。从发展演变过程中的表现特征上看，农村产业是指根植于农业农村，服务于当地农民，能够彰显地域特色、体现乡村气息、承载乡村价值的产业。当前，随着国家乡村振兴战略的推进实施，以及制度、技术和商业模式创新的持续推进，我国农村产业正由传统业态向新产业、新业态、新模式加速转变，农村一二三产业交叉融合发展的趋势越来越明显。研究认为，可以从传统农村产业和农村新产业、新业态、新模式两个方面来分析我国乡村产业振兴中的农村产业业态。

（一）传统农村产业

从传统角度分析，传统农村产业的主要业态包括农业、农产品加工业、手工业、农村建筑业、农村运输业、农村商业等。

1. 农业

农业是以土地资源为生产对象，生产动植物产品和食品、工业原料的产业。广义的农业包括种植业、林业、畜牧业、渔业等产业形态。其中，种植业利用土地资源进行种植生产，即狭义的农业，包括粮食作物、经济作物、饲料作物和绿肥等的生产，通常用粮、棉、油、麻、丝（桑）、茶、糖、菜、烟、果、药来代表，其中粮食生产占主要地位；林业利用土地资源培育、采伐林木；畜牧业利用土地资源培育或者直接利用草地发展畜牧；渔业（又称水产业）利用土地上的水域空间进行水产养殖。总之，农业是衣食之源，是支撑国民经济建设与发展的基础产业。同时，农业的功能也是动态化的，其基本功能会随着经济发展和社会进步而不断拓展深化。当前，农业的新功能日益凸显，农业功能的多样化趋势更加明显。农业不仅能为人们提供所需的农产品，提供大量的就业岗位，还能为人们提供良好的生态系统，具备生活、教育和文化载体等功能。

2. 农产品加工业

农产品加工业是以农、林、牧、渔产品及其加工品为原料所进行的工业生产活动。农产品加工业发挥着连接农村和城市、促进农民就业增收的重要作用，其行业覆盖面广泛，与各行各业息息相关，已经成为农业现代化的一个不可或缺的关键方面。例如，食品加工及制造，饮料制造，棉麻毛纺织品、服装及其他纤维制品制造，木材加工及竹、藤、棕、草制品，家具制造，造纸及纸制品和橡胶制品等行业都与农产品加工业有关。

随着生物技术、食品化学及其他相关学科的发展，基因工程、膨化与挤压、瞬间高温杀菌、真空冷冻干燥、无菌储存与包装、超高压、微胶囊、微生物发酵、膜分离、微波、超临界流体萃取等高新技术被广泛应用于农产品加工领域。这些高新技术带动了无菌包装，膜分离，超微粉碎，速冻和果蔬激光分级、清洗、包装等加工设备的高新化。高新技术和设备使农产品精深加工能力持续提高，目前，对植物和畜禽、水产品的综合利用已成为农产品加工业的重要发展方向。同时，从全球范围看，加工新产品正向着安全、绿色、休闲方向发展，加工原料正向着专用化品种方向发展。

3. 手工业

手工业与农业联系紧密。属于农民副业性质的家庭手工业，是指人们可通过手工劳动，使用简单工具从事小规模生产的工业，是农业文明的产物。

最初，手工业与农业是融为一体的，农民不仅耕作土地，还需要对生产出来的农副产品进行加工，同时制造劳动工具和日常用品，以满足家庭和社会的需求。随着时间的推移，手工业逐渐从农业中分化出来，其生产特点是以家庭为单位，家庭成员是手工劳动的主要生产力，且通常不依赖外部劳动力，但有时一个家庭会雇佣几个学徒。手工业在传承和创新民族技艺和工艺方面发挥着重要的作用。手工业不仅可以为生产日用消费品提供丰富的选择，还能为艺术创作提供广阔的舞台，满足大众日益增长的物质需求和文化需求。此外，手工业的发展也为社会创造了更多的就业机会，为农村经济的繁荣作出了积极贡献。

改革开放以来，随着国内外市场的不断开放和消费者需求的日益多样化，手工业制品的市场潜力逐渐显现并持续释放。

4. 农村建筑业

农村建筑业是农业经济发展和农村产业结构调整的重要内容，对促进农村经济社会发展、农村剩余劳动力就业具有重要意义。农村建筑业的发展经历了农村"泥瓦匠"、农村建筑队和集体建筑企业等形态，是农村吸纳劳动力多、产值高的行业。它能带动与其相关联的建筑建材、构件预制、铁木配件、水暖器材、装潢维修和运输等产业的发展。目前，顺应农村一二三产业融合发展需要，农村建筑业正由仅具备住宅服务功能向具备乡村旅游、乡村民宿、空间—产业联动更新改造等综合服务性功能和新业态转变。

5. 农村运输业

农村运输业主要包括农村物流和农村客运两个方面。农村物流作为联系城市和农村、连接生产和消费的纽带，主要服务于农产品进城和工业品下乡。它不仅关系到农业的生产资料供给、农民日常的日用工业品需求，更关系到农产品的对外流通和农民的收入增长。近年来，随着网络购物、农村电商、农业生产龙头企业的不断涌现，农村物流覆盖的范围越来越广泛，已成为农村经济的新增长点，对我国农村经济发展的作用日益显现，具有巨大的潜在市场需求。与农村物流主要着眼于服务"物"流不同，农村客运则主要着眼于服务"人"流。农村客运以农村居民安全、便利出行为目的，依托"四好农村路"，以及建设乡镇客运站、村级招呼站等，通过公交化、固定时间、灵活班次等运营服务模式，提供连接城乡的客运一体化服务。

6. 农村商业

农村商业是释放农村消费市场的重要支撑。农村商业以农民为消费主体，以农贸市场、超市、连锁店、供销社等为商业主体，涵盖了农资、农机、家居、家电、建材、酒水、日用品等零售业态，消费主体的消费需求具有信赖熟人、讨价还价、就近购买、即买即用等基本特点。随着互联网技术的发展，新理念、新技术、新模式等催生了农村商业新的市场需求。数字化基础设施在农村地区加快布局，农村电商、移动支付等开始为农村的消费和零售带来新的变化，并推动农村商业由单纯的商品买卖向经营城乡资源转变，不断提升"互联网＋农村商业"模式生态价值，持续释放农村消费市场的巨大红利。

（二）农村新产业、新业态、新模式

从现实需求分析，顺应农业供给侧结构性改革的要求和农村居民消费拓展升级趋势，上述传统农村产业正进行深度融合发展，并孕育催生出休闲农业和乡村旅游、"互联网＋"农业（农村电子商务、设施农业、智慧农业、共享农业等）、文创农业、农光互补、农业生产性服务业、农业公园和田园综合体等农村新产业、新业态、新模式。

1. 休闲农业和乡村旅游

休闲农业和乡村旅游是农业和旅游业相互渗透，生产、生活、生态同步改善，农村一二三产业深度融合的新产业、新业态、新模式。休闲农业和乡村旅游呈现出持续较快增长态势，对农业农村经济发展和农民就业增收发挥着越来越重要的作用，将成为拓展农业多功能性、促进资源高效利用、满足新兴消费需求的朝阳产业。

2. 农村电子商务

农村电子商务又称农村电商，是农产品流通和农业生产资料销售的新业态，

也是我国创新农村商业模式、丰富农村商业服务内容、完善农村现代市场体系的必然选择，更是我国转变农业发展方式的重要手段和实施精准扶贫的重要载体，对调整农业结构、增加农民收入、释放农村消费潜力等具有显著作用。

3. 设施农业

设施农业是一种新型的、现代化的农业经营方式，具有很强的生命力。设施农业具有高投入、高技术、高品质、高产量和高效益等特点，可利用先进的农业技术，为动植物的生产提供适宜的人工环境，使生产不再完全依赖自然环境，进而实现高产、高收益的目标。常见的设施农业有蔬菜种植大棚、鲜花培育温室、幼苗培养棚等。

4. 智慧农业

智慧农业是综合应用物联网、大数据、人工智能等现代信息技术的一种新业态，其集成了应用计算机与网络技术、物联网技术、音视频技术、3S（RS+GPS+GIS）技术、无线通信技术，依托布置在农业生产现场的各种传感节点（如环境温湿度、土壤水分、二氧化碳、图像等），实现对农业生产环境的智能化感知、预警、决策、分析及专家在线指导，进而使农业生产实现精准化种植、可视化管理。

5. 共享农业

共享农业是利用互联网技术，集聚需求方分散、零碎的消费信息，与供给方精准匹配对接，实现对农业资源重组的一种新模式。共享农业通常贯穿农业产业链的全过程，目前正向共享农庄、共享农机等形态发展，将成为深化农业供给侧结构性改革的新引擎、农业农村发展的新动能。

认养农业代表着农业生产与消费模式的创新融合，是一种新兴农事活动模式。在此模式下，消费者需要提前支付生产费用，与生产者共同承担风险、分享收益，从而确保消费者获得健康、无污染的食品。作为乡村共享经济的一种重要形式，认养农业今后将慢慢与旅游、养老、文化等更多的产业领域渗透融合，并与农村其他经济形态集成创新。

6. 文创农业

文创农业是指利用文艺创作的思维，将文化、科技与传统农业要素相结合，通过开发、拓展传统农业功能来提升、丰富传统农业价值的一种新业态。

7. 农光互补

农光互补是指光伏发电与农业生产相结合，通过建设棚顶光伏工程实现清洁能源发电，并将光伏科技与现代农业有机结合，在棚下发展现代高效农业，实现光伏发电和农业生产双赢的一种农业能源新模式。

8. 农业生产性服务业

农业生产性服务业是顺应农村社会结构和经济结构的发展变化需要，以农资供应、农技推广、农机作业、疫病防治、金融保险、产品分级、储存和运输、销售等社会化和专业化服务为主要内容，为农业生产提供产前、产中、产后等农业全产业链服务的一种新型业态。

9. 农业公园

农业公园是一种集农村生活、农业生产与农业文化于一体的乡土休闲旅游模式，在营建理念上与公园管理有异曲同工之妙。农业公园以耕地、村落为主体，以居住区为中心，努力把农业和旅游融合在一起，通过农业生产现代化、农耕文化景观化、郊野田园生态化、组织形式产业化、乡村景观园林化等形成农业旅游的高端业态，是吸引农业消费的新模式。

10. 田园综合体

田园综合体以农民合作社为主要载体，是集户外农业、创意农业、农事体验于一体的综合发展新模式，其主要特征是可结合农村产权制度改革推动现代农业、休闲旅游、田园社区的一体融合，实现城市与乡村互动发展，是促进乡村现代化、新型城镇化、城乡融合发展的一种可持续模式。

二、乡村产业振兴的问题、思路及举措

（一）乡村产业振兴面临的主要问题

从对乡村产业内涵、特征及类别的分析可以看出，乡村产业振兴的内涵主要包括农业供给侧结构性改革和农村非农产业发展，当前乡村产业振兴面临的主要问题是农业现代化水平不高和乡村产业"空心化"现象较普遍，具体表现为以下三个方面。

一是农业现代化仍是"四化同步"的短板。我国农业传统发展模式滞后，农

作物耕种综合机械化水平，尤其是经济作物机收水平与发达国家相比仍存在差距；农业生产能力不高，农业现代化在效益上与世界现代农业发展存在很大的差距，除杂交水稻等少数成果居于世界领先地位外，农业人均产出和粮食单产均缺乏竞争优势；同时，农业科技总体水平不高，我国农技人员与农业人口之比与发达国家差距很大。

二是农产品加工业、手工业、农村建筑业、农村运输业、农村商业等传统乡村产业亟待升级。农产品加工业粗放式增长，产业集中度低，农产品精深加工能力较弱，品牌培育不够，产业链不完善，价值链难提高。手工业、农村建筑业等工艺创新较慢，新产品较少，难以适应农村一二三产业融合发展、农文旅融合发展的需要。同时，农村运输业、农村商业等领域的信息技术应用明显滞后。

三是"互联网+"农业（如农村电子商务、智慧农业、共享农业等）和农村休闲农业、乡村旅游等新兴产业的发展相对滞后，特别是我国乡村缺乏中高端乡村休闲旅游产品与服务，发展模式缺乏创意，经营项目单一且类似，管理滞后，硬件设施落后。"互联网+"农业的设计存在着盲目跟风和无序扩张等问题，这不利于其发挥积极作用。与此同时，农村网络信息基础设施建设还需要进一步完善，农产品的生产、流通、销售及农业政务管理等与新技术的深度融合还需要一定的时间。另外，农业生产性服务体系还不够完善，农业公园、田园综合体等的发展潜力也没有被充分释放出来。

（二）乡村产业振兴的基本思路

围绕农业多元化功能拓展和农村发展活力释放，以加快农业现代化和推动农村产业深度融合为重点，以农业供给侧结构性改革为主线，以建立完善的现代农业产业体系、生产体系、经营体系为着力点，提高农业综合生产力，提升农业装备和信息化水平，促进小农户生产和现代农业发展有机衔接，增强产业创新力和竞争力，加快实现农业现代化。优化农村生产力布局，着力打造农村产业发展的新载体、新模式，培育新产业、新业态，挖掘新功能、新价值，促进农村一二三产业深度融合发展，提高农民参与程度，创新收益分享模式，激发农村创新创业活力，并形成完善的紧密型利益联结机制，让农民更多地分享产业融合发展增值收益。

（三）乡村产业振兴的重点举措

把握好农村一二三产业深度融合发展的趋势，以"质量兴农、绿色兴农、品牌强农"引领现代农业体系构建，推动农业转型升级，壮大乡村产业，激发农村创新创业活力，实现农民生活富裕，为我国早日全面实现乡村振兴战略目标提供坚实的物质支撑。

一是以农业供给侧结构性改革为主线，加快农业现代化步伐。坚持质量兴农、绿色兴农、品牌强农，在加强耕地保护和建设、健全粮食安全保障机制的前提下，进一步优化农业生产力空间布局，深入推动农业结构调整，夯实农业生产能力，提高农业科技创新及转化应用水平，加快培育特色优势产业、农业品牌，提升农产品价值；巩固和完善农村基本经营制度，构建家庭、集体、合作组织、企业等共同发展的新型农业经营体系，壮大家庭农场、农民专业合作社、农林产业化龙头企业等经营主体，发展适度规模经营；积极引导小农户生产进入现代农业发展体系，鼓励新型农业经营主体与小农户开展深度合作经营，加快完善多种形式的契约型、股权型等利益联结机制，创新融合模式，推动农村一二三产业深度融合，探索多元化、混合型的现代农业发展道路。

二是以优化升级为导向，推动农村传统非农产业转型发展。开展农产品加工业优化行动，建设一批农产品加工技术集成基地，升级一批农产品精深加工示范基地，提高产业集中度和精深加工能力，推动农产品加工业转型升级；结合休闲农业和乡村旅游发展需要，打造一批美丽乡村、休闲农庄（园）、乡村民宿、森林人家、康养基地、农村"星创天地"等精品工程，引领农村建筑业转型发展；实施电子商务进农村综合示范项目，加强农商互联，推动农产品流通企业与新型农业经营主体对接，发展农超、农社、农企、农校等产销对接的新型流通业态，倒逼农村运输业、农村商业转型发展；围绕乡村旅游发展需求，振兴传统手工艺，发展一批家庭工场、手工作坊、乡村车间等，打造民族特色手工商品品牌，满足国内外市场消费的新需求，持续增加农民收入。

三是以就地就近就业创业为导向，大力培育新产业、新业态、新模式、新载体。大力发展休闲农业和乡村旅游，顺应城乡居民消费升级需要，拓展农业农村的休闲观光、生态涵养等功能，开展精品工程，推动要素跨界配置和产业融合发展，增加乡村生态产品、乡村旅游服务等供给；培育壮大农村电商，完善农产品进城和城市商品下乡的渠道和标准；升级现代农业产业园、农业科技园、农产品加工园、农村产业融合发展示范园等平台载体，发展集科技、人文等元素于一体的共享经济等新业态，促进新产业、新业态等模式融合发展；发展"一站式"农业生产性服务业，构建适应农业现代化发展的新型农业社会化服务体系；开发一批"农字号"特色小镇、特色商贸小镇，推动田园综合体试点示范建设和农业循环经济试点示范建设；加快培育农商产业联盟、农业产业化联合体等，延伸产业链、提升价值链，探索形成产加销一体的全产业链集群发展格局。

第二节 人才振兴

人才振兴是乡村振兴的关键。无论是产业发展还是乡村建设，农业农村人才队伍都是支撑乡村振兴的根本基础，是推动乡村振兴的重要力量。推进乡村人才振兴，要凝聚乡村发展的"人气"，充分激发乡村现有人才活力，把更多城市人才引向乡村创新创业，全面激发乡村发展的活力与动力。

一、乡村人才的内涵及类别

乡村人才并不限于狭义上的农村本地人力资源。从广义上讲，乡村人才应该包括能在农村广阔天地大施所能、大展才华、大显身手的各类农业农村人力资源。从人才来源看，乡村人才主要包括农村本土人才、返乡创业人才（返乡务工人员、大中专毕业生、退伍军人等）、城市下乡人才、驻村干部和大学生村官等。笔者认为，可以重点从乡村人才的领域类别来分析乡村人才的内涵和特征。

从人才的领域类别看，乡村人才主要包括农村实用人才和农业科技人才两大类。农村实用人才是指具有一定知识和技能，能为农业生产经营和农村经济建设及农村科技、教育、文化、卫生等事业提供服务的农村劳动者。其主要包括六类：一是生产型人才，指在种植、养殖、捕捞、加工等领域能发挥一定示范带动效应，能帮助农民增收致富的生产能手，如"土专家"、"田秀才"、专业大户和家庭农场主等；二是经营型人才，指从事农业经营、农民合作组织、农村经济等生产经营活动的农村劳动者，如农民专业合作社负责人、农业生产服务人才、农村经纪人等；三是专业型人才，指农村教育、农村医疗等农村公共服务领域的专业技术人员，如农村教师、农村卫生技术人员等；四是技能型人才，指具有制造业、加工业、建筑业等方面特长和技能的带动型实用人才，如铁匠、木匠、泥匠、石匠等手工业者；五是服务型人才，指在农村文化、体育、就业、社会保障等领域提供服务的各类人才，如文化艺术人才，社会工作人员和金融、电商、农机驾驶及维修等服务人员等；六是管理型人才，指在乡村治理、带领农民致富等方面发挥着关键作用的干部和人员，如村两委（村党支部委员会和村民委员会的简称）成员、党组织带头人、驻村干部、大学生村官等。农业科技人才则指受过专门教育和职业培训，掌握农业专业知识和技能，专门从事农业科研、教育、推广服务等专业性工作的人员。主要包括农业科研人才、农机人才、农技人才、农业技术推广人才、农村技能服务人才等。

需要特别说明的是，新型职业农民是指以农业为职业、具有相应专业技能、收入主要来自农业生产经营并已达到相当水平的现代农业从业者。从类别归属看，新型职业农民归属于农村实用人才，其在内涵上则涵盖了生产型、经营型两类，主要包括专业大户、家庭农场、农民合作社、农业社会化服务组织中的从业者。

二、乡村人才振兴的问题、思路及举措

（一）乡村人才振兴面临的主要问题

笔者主要围绕前面梳理的几类乡村人才和乡村人才来源渠道分析乡村人才振兴存在的主要问题，具体有以下四点。

一是农村"老龄化""空心化"现象日趋严重。在我国城镇化进程加快的背景下，农村地区的劳动力开始向城市转移，相当多的劳动力进城务工，这部分人群的年龄在20～50岁，是村庄人口的主要构成部分。大量青壮年进城务工使农村的主要劳动力人口减少，剩下老人和孩子，农村出现了"老龄化""空心化"现象，并且这种现象越来越严重。同时，针对乡村人才的培训方法创新力度不足、培训内容的实践性差，导致农村劳动力的素质整体不高，这制约了农村的发展。

二是"招人难""用人难""留人难"问题并存。目前，我国颁布的相关政策不足以吸引人才回乡就业，"招人难""用人难""留人难"仍是人才返乡促进乡村振兴的主要阻碍。另外，由于农村吸引人才的政策不健全、吸引人才的平台不

多也不完善、吸引人才的办法有限，自愿返回农村的人才数量是有限的，而且他们即使回到农村，也很难在农村久留。

三是农技推广人才队伍"老化""弱化"现象明显。目前，农技推广人才服务能力明显滞后于农业现代化发展需求，存在人员不足、队伍不稳、年龄老化、结构不优、经费不足、技术滞后、待遇偏低、激励不够、体制不顺、机制不活等问题。

四是人才下沉机制不健全。政策向基层倾斜的人才下沉有效机制尚未完善。乡村教师、乡村医生"流失""错配"现象并存，一方面偏远乡镇的教师、医生流失严重，另一方面县城教育资源分配不均问题也很严重。由于村集体经济薄弱，年轻力壮又有才能的人往往不愿意担任村两委干部，村两委干部存在难选、难当、难留、待遇低的"三难一低"问题。

（二）乡村人才振兴的基本思路

以市场化为导向，实行更加积极、更加开放、更加有效的农村育才、引才、聚才政策，合理引导工商资本入乡。培育新一代爱农业、懂技术、善经营的新型职业农民，培养以"三农"领域实用专业人才和农业科技人才为主体的工作队伍，鼓励社会各界、各类人才积极投身乡村建设，抓住实施乡村振兴战略的各类商机，鼓励他们大施所能、大展才华、大显身手，带动乡村大众创业、万众创新，培育农村发展新动能，提升农业价值，集聚农村"人气"，提高农民收入，逐步破解乡村振兴的人才制约难题，全面激发"三农"发展的活力和动力。

（三）乡村人才振兴的重点举措

以培养造就一支懂农业、爱农村、爱农民（以下简称"一懂两爱"）的"三农"工作队伍为重点，积极培养本土人才，完善职业农民培育机制，鼓励和引导外出能人、城市人才返乡入乡创业创新，充分发挥农村贤人、能人、富人等对乡村振兴建设的示范引领作用，逐渐形成乡村人才济济、蓬勃发展之势。

一是要加强对"三农"工作队伍的建设，具体措施如下：首先，发挥农村基层党组织的带头示范作用，拓宽农村人才选拔范围，特别是要将大学生作为村干部选拔的重点对象，通过院校定向培养和吸引本土人才回乡等措施，为村级组织储备充足的后备干部力量；其次，完善优化农村基层人才吸纳机制，确保那些热爱乡村生活、珍惜乡亲关系的优秀人才能够留下来，能够扎根基层，引导他们发挥其突出能力和示范带动作用，从而赢得群众的广泛认可。这些措施的实施，将有力地促进"三农"工作队伍的壮大和优化，为农村的发展提供坚实的人才保障。

二是要加强"三农"领域专业人才队伍的建设。在国家实施乡村产业振兴的背景下，借助政策红利，促使涉农院校对农业专业学科进行优化，积极培养农村实用人才、农业科技人才、农业技术推广人才，为乡村建设农业专业人才队伍打下坚实基础。构建农业专业人才网络体系，有效整合各类人才资源，形成强大的"三农"专业人才队伍。

三是进一步优化职业农民培育机制。强化农业产业与人才需求的精准对接，鼓励新型职业农民参与中高等农业职业教育。同时，积极鼓励农民专业合作社、农业龙头企业等组织创新培训模式。

四是对回乡创业的人才进行积极指导。将科研机构、大学和企业的人力资源整合起来，加强各主体之间的协作，使多元化的生产要素加速流向农村。鼓励外出务工农民返乡创业，支持本地农民就近就业。与此同时，调动社会各界的力量，帮助当地农户创新创业，为乡村经济注入新的活力。

五是要大力提倡和动员全社会的优秀人才，积极参与农村的建设和发展。鼓励农村实用人才发挥"传帮带"作用，使其全心全意为农民群众服务。构建完善的激励机制，吸引各种社会人才，如实干企业家、党政干部，鼓励他们积极参与乡村建设，促进乡村振兴。进一步规范融资贷款等扶持政策，引导工商资本积极投入乡村振兴事业。

第三节 文化振兴

文化振兴是乡村振兴的重要内容和文化基石。乡村承载着中华传统文化的深厚底蕴，乡土文化更是中华优秀传统文化的重要组成部分。为了推动乡村文化振兴，必须提高乡村社会的文明程度，树立文明的乡风、培育良好的家风、塑造淳朴的民风，使乡村成为承载乡愁的温馨家园，为乡村振兴铸就坚实的文化基石。

一、乡村文化的内涵

广义的文化包括价值、道德、习俗、知识、物化文化（如建筑等）等，乡村文化从内容上也应涵盖这些方面。中国是一个农业大国，源远流长的农耕文明和乡村文化是孕育中华优秀传统文化的基础，人们对乡村文化有着浓厚的乡愁情结。中华优秀传统文化的思想观念、人文精神、道德规范等，都根植于乡土社会，源于乡村文化。

乡村文化作为乡村居民在长期生产与生活实践中所积淀形成的独特文化体系，涵盖了乡村居民的生活习惯、心理特征及文化习性等方面。它是乡村居民观念、信仰、操守、爱好、习惯、礼节和行为方式的集中体现，主要包括农村精神文明、农耕文化、乡风文明等。

农村精神文明是以社会主义核心价值观为引领，弘扬民族精神和时代精神，体现社会公德、职业道德、家庭美德、个人品德的思想文化阵地。各级政府主要通过文化服务中心、广播电视、电影放映、农家书屋、文化志愿服务等形式，向农村居民提供公共文化产品和服务。

农耕文化主要反映传统农业的思想理念、生产技术、耕作制度等的变迁，是农村社会的主要文化形态和主要精神资源。农耕文化涵盖传统的生产工具，青山绿水、田园风光、男耕女织等生产方式，间作、混作、套作等生产技术，西南的梯田文化、北方的游牧文化、东北的狩猎文化、江南的坪田文化、蚕文化、茶文化、柑橘文化、蔬菜文化等，以及农业遗迹、灌溉工程遗产。

乡风文明则主要反映农村居民的生活方式、生活习俗等。其主要包括文物古迹，传统村落、民族村寨等生活空间；礼仪文化，如家庭为本、良好家风、中华孝道、尊祖尚礼、邻里和谐、勤俭持家等；民俗文化，如节庆活动（春节庙会、清明祭祖、端午赛龙舟、重阳登高等）、民间艺术（古琴、年画、剪纸等）、民间故事、民歌、船工号子等；传统美食和非物质文化遗产等。同时，基于农耕文化、乡风文明的保护传承，应将现代城市文明的价值理念与乡村特色文化产业发展相融合，不断赋予乡村文化新的时代内涵。

二、乡村文化振兴的问题、思路及举措

（一）乡村文化振兴面临的主要问题

目前，我国乡村文化面临逐渐衰微的困境，农村群众日益增长的精神文化需

求与当前供给之间存在显著的矛盾。这种状况限制了乡村文化在乡村振兴战略中应有的引领和推动作用的有效发挥。

一是中华优秀传统文化的传承、保护、发展不够。具体表现在："种文化"工作力度不够，乡村文化资源大多仍处于沉睡状态，对文化创意产业的渗透性、关联性效应难以发挥；中华优秀传统文化与农业发展的融合不够，田园综合体、休闲农场、农业庄园等乡村文化创意匮乏；中华优秀传统文化与乡村建设的融合不够，文化公园、文化博物馆、艺术村等较少；中华优秀传统文化与乡村旅游发展的融合不够，历史文化名村、传统古村落的文化旅游价值挖掘滞后；非物质文化遗产保护工作任务依然较重。

二是乡村公共文化设施薄弱、文化活动较少。随着人民物质生活由温饱向小康转变，人们更加关注文化小康，文化生活与物质生活的不对称、文化获得感和物质获得感的不均衡问题逐步凸显。目前，乡村尚难以提供像城市一样丰富的文化设施和文化生活，长期在城市务工的农民尤其是年轻人对目前的乡村生活不习惯、不适应。

（二）乡村文化振兴的基本思路

坚持以社会主义核心价值观为引领，立足于中国实际和乡村文化的特点及规律，把创造性转化、创新性发展贯穿于乡村文化振兴的始终，以乡村公共文化服务体系建设为载体，提供增量优质、形式多样的公共文化产品和服务，推进移风易俗，培育文明乡风、良好家风、淳朴民风，赋予乡村生活以价值感、幸福感和快乐感，激发人们愿意留在乡村生活、愿意到乡村消费的"乡愁"情结，全面繁荣乡村文化。

（三）乡村文化振兴的重点举措

坚持乡村文化事业和乡村文化产业发展并举，挖掘优秀传统农耕文化、乡风文明中蕴含的人文精神、道德规范，改善农民精神风貌，建设邻里守望、诚信重礼、勤俭节约的文明乡村。

一是加强社会主义核心价值观统领的农村思想道德建设，加强爱国主义、集体主义、社会主义、民族团结教育。完善村规民约、家风家训，深入开展文明村镇创建活动，广泛开展"星级文明户""文明家庭"等群众性精神文明创建活动，及"好儿女""最美乡村教师"等评选活动,摒弃陈规陋习,形成孝敬父母、尊敬长辈的社会风尚。

二是传承发展农村优秀传统文化,实施农耕文化传承保护工程,保护好文物古迹、传统民居、自然村落、农业遗迹等,推动优秀戏曲曲艺、少数民族文化、民间文化等的传承发展。把乡村特色文化符号融入特色小镇、美丽乡村建设中,打造诗意田园和生态宜居环境,重现人人向往的田园风光和令人回味的乡情乡愁。培育发展乡村特色文化产业,建设一批农耕文化产业展示区和农耕文化展览室,打造一批特色文化产业镇村,研发具有民族和地域特色的传统工艺产品。推动休闲农业、乡村旅游发展,促进乡村文化资源与城市现代消费需求的有效对接。

三是丰富乡村文化生活。健全乡村公共文化服务体系,加强基层综合性文化服务中心建设,推进数字广播电视户户通。完善农村电影放映、农家书屋服务、戏曲进乡村等文化惠民活动,探索开展"菜单式""订单式"文化惠民服务活动。鼓励各级文艺组织、文艺工作者开展"三农"题材文艺创作,深入农村进行惠民演出。支持文化志愿者策划一系列农耕文化与传统节庆衔接、农耕文化与田园体验衔接的节日民俗活动,广泛开展形式多样的农民群众性文化活动。完善村庄体育健身设施,传承和发展民族民间传统体育。

第四节 生态振兴

生态振兴是乡村振兴的内在要求。良好的生态环境是农村的最大优势和宝贵财富。

一、乡村生态振兴的内涵

乡村生态振兴是一项系统工程,既涉及农村山、水、林、田、湖、草等自然生态系统的保护和修复,也涉及农业生产方式和农民生活方式等的改善,其中,农业绿色发展和农村人居环境的治理是至关重要的内容。乡村生态振兴的内涵主要体现在三个方面。

一是发展绿色农业。绿色农业是指充分运用先进科学技术、先进工业装备和先进管理理念，以促进农产品安全、生态安全、资源安全和提高农业综合经济效益的协调统一为目标，以倡导农产品标准化为手段，形成人类社会和经济全面、协调、可持续发展的农业发展模式。绿色农业及其产品具有生态性、优质性和安全性等特征。

二是改善农村人居环境。农村人居环境以建设美丽宜居村庄为导向，以提高农村垃圾处理、污水治理水平和改善村容村貌为重点，旨在加快补齐乡村人居环境领域短板，并建立健全可持续的长效管护机制。

三是保护和修复农村生态系统。要增强生态产品供给能力，发挥乡村自然资源的生态、康养等多重价值，以"农村美"实现生产、生活、生态的和谐统一。

二、乡村生态振兴的问题、思路及举措

（一）乡村生态振兴面临的主要问题

随着工业化、城镇化的推进，特别是在过去追求 GDP 高增长观念影响下，农村环境和生态问题日益突出。乡村生态振兴面临以下三个方面的问题。

一是农业面源污染严重，畜禽养殖污染、农作物秸秆焚烧等问题突出。长期以来，我国农业生产方式较为粗放，传统农业生产往往以产量增加为导向，农产品尤其是粮食增产高度依赖化肥、农药、除草剂和地膜等，这些化学投入品对农产品质量和环境安全造成严重威胁。同时，农业循环经济在农村尚未普遍落地，畜禽养殖污染物肆意排放，对水源造成严重破坏；农作物秸秆焚烧也造成了明显的大气环境污染。

二是工业污染对农村生态环境造成破坏。改革开放以来，尤其是各地开始大力发展乡镇企业之后，人们没有处理好乡村经济发展与环境保护的关系，在乡镇企业带动乡村经济快速增长和人口加快集聚的同时，污水处理设施建设滞后，非农产业尤其是低端工业的超标排污给乡村生态环境造成了污染。近年来，很多地区也存在城市污染产业向乡村转移的"污染下乡"现象。

三是农村人居环境较差。农村日常生活垃圾收运处置系统不健全，生活污染问题日益突出。同时，为追逐短期利益而毁林开荒、围湖造田等破坏自然生态的现象也依然存在。

(二)乡村生态振兴的基本思路

以美丽中国建设为目标导向,牢固树立和践行绿水青山就是金山银山理念,结合农村生态环境突出问题,以加快转变农业生产方式和农村生活方式为重点,推动形成投入品减量化、生产清洁化、废弃物资源化、产业模式生态化的绿色农业生产方式,推动形成以农村垃圾、污水治理水平提升和村容村貌提升为导向的整洁优美的生活环境,建成生态宜居、人与自然和谐共生的美丽乡村。

(三)乡村生态振兴的重点举措

推动农业绿色发展,持续改善农村人居环境,加强农村生态系统保护与修复,全面提高农村的生态文明水平。

一是探索建立农业资源休养生息制度。编制轮作休耕规划,切实保护好基本农田和基本草原等农业资源。划定江河湖海限捕、禁捕区域,实施海洋渔业资源总量管理、海洋渔船"双控"和休禁渔制度,保护好渔业资源。

二是推动建立农业绿色生产方式。打好农业面源污染攻坚战,在完成化肥农药零增长的基础上,分阶段、分品种、分区域加快推进化肥和农药使用从零增长向减量使用转变,采用总量控制与强度控制相结合的办法,推动化肥和农药的使用量和使用强度"双下降"。发展农业循环经济模式,开设畜禽养殖废弃物资源化利用试点和绿色防控、秸秆综合利用、地膜治理试点,探索种养循环一体化、农林牧渔融合的循环发展模式。

三是大力实施农村人居环境整治行动。加快编制村庄规划,系统解决道路、农房、公共空间、产业发展等问题,全面改善村容村貌。建立健全农村生活垃圾收运处置体系,开设垃圾就地分类和资源化利用试点。实施"厕所革命",推进厕所粪污无害化处理和资源化利用。梯次推进农村生活污水治理,推动城镇污水管网向周边村庄延伸覆盖。

第五节 组织振兴

组织振兴是乡村振兴的根本保障。推进乡村组织振兴,强化农村基层党组织的领导核心作用,进一步加强党对"三农"工作的全面领导,加快完善乡村治理机制，为乡村振兴提供强大的组织保障。

一、乡村组织振兴的内涵

基层组织是我国乡村治理的基础单元，是各级政府推动实施乡村振兴战略的根基所在。从内涵及特征看，乡村组织振兴主要体现在以下三个方面。

一是基层党组织建设。党支部是党在社会基层组织中的战斗堡垒。村党支部全面领导隶属本村的各类组织和各项工作，围绕实施乡村振兴战略开展工作，组织带领农民群众发展集体经济。

二是村庄治理机制。村民委员会是村民自我管理、自我教育、自我服务的基层群众性自治组织，由主任、副主任和委员三至七人组成，实行民主选举、民主决策、民主管理、民主监督，村民委员会每届任期五年。村民委员会通过组织村民会议、村民代表会议等讨论决定涉及村民利益的诸多事项。村民委员会实行村务公开制度，接受村民的监督。同时，村务监督委员会或者其他形式的村务监督机构负责村务决策和公开、村级财产管理、村工程项目建设、惠农政策措施落实、农村精神文明建设等制度的落实。

三是农村集体经济组织。农村集体经济组织源于农业合作化运动，是指在自然乡村范围内，由农民自愿联合，将其各自的生产资料（土地、较大型农具、耕畜）投入集体，归集体所有，由集体组织农业生产经营的经济组织。农村集体经济组织既不同于企业法人，又不同于社会团体，也不同于行政机关，有独特的政治性质和法律性质。农村集体经济组织是除国家以外唯一一个对土地拥有所有权的组织，可通过行使经营权，激发村民参与村庄治理的主动性、积极性。

二、乡村组织振兴的问题、思路及举措

（一）乡村组织振兴面临的主要问题

当前，农村基层组织的基础工作存在不少薄弱环节，乡村治理体系和治理能力亟待强化。

一是部分农村"组织空"现象明显。部分党组织对村民委员会的领导力不强，对基层群众的服务意识、服务能力不强，党组织缺乏活力，党支部班子成员年龄

较大,"老龄化"现象突出,对现代科技、农业经济、市场经验等方面的知识储备不足,无法发挥领头人作用。

二是村民自治组织管理水平普遍不高。一些村干部民主意识薄弱,干部与群众沟通渠道不畅,部分群众对村务工作不知晓、不理解、不支持。个别村干部仍然存在"家长制"作风,涉及群众切身利益的事项,村务管理执行不透明,过程结果不公开,缺乏有力有效的监督。同时,村级小微权力清单制度尚未建立,在惠农补贴、土地征收等方面仍存在着侵害农民利益的不正之风。

三是村级集体经济组织发展滞后。经济发展基础较弱,组织缺位、人才缺失、产业空虚、治理不善、政策乏力等问题集中出现在村级集体经济中。尤其是在中西部地区,多数村级集体经济组织尚未建立,发展主体缺位,成员权力虚置,"谁来发展"问题亟待破解;农村集体资源资产开发利用不充分,路径不明晰,"怎么发展"问题亟待破解;村级集体经济"造血"功能弱,"空壳村"比例较高,"活力不足"问题亟待破解。

(二)乡村组织振兴的基本思路

坚持农村基层党组织对乡村振兴的全面领导,以农村基层党组织建设为主线,采取切实有效措施,强化农村基层党组织领导作用,选好配强农村党组织书记,整顿软弱涣散的村党组织;坚持以自治为基、法治为本、德治为先,不断深化村民自治实践,着力提升乡村德治水平;科学设置乡镇机构,健全农村基层服务体系,全面夯实乡村治理的根基。

(三)乡村组织振兴的重点举措

以固本强基为导向推动乡村组织振兴,建立健全党委领导、政府负责、社会协同、公众参与、法治保障的现代化乡村社会治理体制。

一是打造坚强的农村基层党组织。培养优秀的农村基层党组织书记,向贫困村、村党组织软弱涣散村和村集体经济薄弱村派出第一书记。把党管农村工作的政策落到实处,支持村党支部探索"党建+产业""党建+服务"等,发挥其对乡村振兴的核心引领作用,引导其践行以人民为中心的发展理念。

二是深化村民自治、农村基层法治、乡村德治等实践。规范完善村民委员会、村民代表会议、村民议事会、村民理事会等选举办法和民主决策、民主监督程序,形成民事民议、民事民办、民事民管的多层次基层协商格局。开展"法律进乡村"宣传教育活动和民主法治示范村创建活动，建设平安乡村。整合执法队伍、下沉执法力量，推动综合行政执法改革向基层延伸。维护村民委员会、村集体经济组织、农村合作经济组织的特别法人地位和权力。以网格化管理为导向，促进基层服务和管理精细化、精准化发展，及时排查化解各类矛盾纠纷。强化道德教化作用，引导农民向上向善、孝老爱亲、重义守信、勤俭持家。

三是加强基层管理和服务。编制基层政府的村级治理权责清单，促进农村基层服务规范化、标准化发展。打造"一门式办理"和"一站式服务"综合平台，加快建立乡村便民服务体系。

四是发展新型农村集体经济。深入推进农村集体产权制度改革，推动资源变资产、资金变股金、农民变股东，通过股份制、合作制、股份合作制等的改革，发展村集体经济。

第四章 乡村振兴战略实施的具体路径

在过去的农村建设过程中,各地政府进行了大量的有益探索和改革创新,但是也有一些地方对农村经济、乡村发展、产业结构等的变化趋势把握不准,走了一些弯路。乡村振兴是一项长远和复杂的系统工程,涉及乡村的各个方面,旨在寻求人才、资源、战略的有效统一,任务艰巨,不可能一蹴而就。我们要久久为功,以创新驱动乡村高质量发展。

乡村兴则国家兴,乡村衰则国家衰。要发现、总结、宣传、推广乡村振兴实践中涌现出的典型经验,明确实施乡村振兴战略的路径,把乡村振兴战略的实施路径与突破重点研究好和确定好。

第一节 推动乡村产业发展

乡村振兴的物质基石在于乡村产业的繁荣与发展。为了推进乡村产业振兴,我们需贯彻执行现代乡村农业的发展措施,坚守质量优先、绿色发展的原则,以乡村农业供给侧结构性改革为核心,加速构建现代农业产业、生产和经营"三大体系",实现一二三产业的深度融合,以此引领农民走向富裕的道路。

一、培育壮大特色产业

我们要充分挖掘资源优势,积极培育壮大乡村特色产业,不断延伸农业产业链,大力发展特色经济,增强发展新动能,走出一条农业高质量发展的新路子,为早日全面实现乡村振兴战略提供可靠的物质支撑。

(一)壮大特色优势产业

壮大特色优势产业是促进农民增收致富的有效途径。我们要以各地资源禀赋和独特的历史文化为基础，有序开发优势特色资源，做大做强做优特色产业；创建特色鲜明、优势集聚、市场竞争力强的特色农产品优势区，形成特色农业产业集群，塑造现代顶级农业产品品牌，实施产业兴村强县行动，培育农业产业强镇，打造"一乡一业、一村一品"的发展新格局。

1. 做强做精乡土特色产业

要合理利用当地资源，推动小宗类、多样化的特色种植和养殖业发展；加大力度保护和开发当地的特色资源，建设特色农产品种植基地，以特色农产品为依托将乡村打造成当地的优势区域；建设标准化的特色农产品生产工厂和手工产品加工工厂，大力发展当地乡村地区的农业、手工业、制造业。同时，要深入挖掘农村各类非物质文化遗产资源，推动其传承与创新，保护传统工艺，促进乡村特色文化产业发展。

要创新产业组织方式，推动种养业向规模化、标准化、品牌化和绿色化方向发展，延伸拓展产业链，增加绿色优质产品供给，不断提高相关企业的质量效益和竞争力，加强生猪等畜禽产能建设，提升动物疫病防控能力，推进奶业振兴和渔业转型升级，发展经济林和林下经济。

2. 大力发展乡村休闲旅游产业

近年来，随着人民生活水平的不断提高，全国各省的乡村旅游建设如火如荼。乡村旅游已经成为农村发展、农业转型、农民致富的重要渠道。党的十九大报告提出的实施乡村振兴战略，无疑成为乡村旅游发展的又一催化剂。乡村旅游业将会有更大作为、更大担当、更大发展。旅游产业的发展为乡村振兴带来了新的发展机遇，让乡村借旅游再次进入了人们的视线，助力了乡村振兴。一是充分利用田园景观、自然生态及资源禀赋的优势，为广大人民群众提供休闲娱乐的场所，强化人民群众对乡村生活的体验与了解。要利用乡村各类物质与非物质资源的独特优势，构建"旅游+""生态+""文化+"等模式，推进农业、畜牧业、渔业与旅游、文化、康养等产业的深度融合；利用乡村旅游业态和产品，打造各类主题乡村旅游目的地和精品线路，发展富有乡村特色的民俗和养生养老基地。二是通过乡村旅游增加农民收入，带动传统产业的发展，推动一二三产业融合。要促进农产品的商品化、特色化发展，打造具有地方特色的旅游品牌，让农特产品成为旅游产品；要通过电子商务平台，让乡村生态产品以全新的方式进入人们的视线，增加农产品的附加值；让农业资源旅游化，利用农村的田园风光和山水景观，发展创意农业，将旅游与休闲相结合，体现"住农家屋、吃农家饭、干农家活、享农家乐"的农家味道；将农民的利益绑在一条生产链上，支持农村集体办乡村旅游合作社或旅游企业，对优势项目实行股份化管理，开展规模化的餐饮、住宿和体验活动。三是发展乡村旅游产业。乡村旅游是乡村振兴的一条有效途径，我们必须抢抓机遇、全力推动，依托农业主体产业，改善农业的生产功能及配套服务设施，使自然风光和农村产业深度融合，打造一批美丽田园，提高农业的综合效益。通过农村产权转让、入股获得租金分红、提供土特产品等方式，让村民分享旅游经济红利，让老百姓回归自己的家乡，投入乡村旅游建设中；利用田园风光与绿色景观等生态环境为广大人民群众提供乡村生产生活休闲体验，通过发展"农家乐园、花果人家、生态鱼庄、养生山庄、创意文苑"的旅游产业新模式取得收益。利用农村秀丽的自然风光、深厚的文化底蕴、浓郁的人文风情，通过"旅游+大农业""旅游+文化""旅游+康养""旅游+智慧""旅游+体育"等产业模式，形成全方位、多层次的乡村旅游发展新格局。我们要以乡村旅游发展带动就业，让老百姓可以通过就近务工等方式直接增加收入。在发展旅游业的同时，我们还要注意处理好保护与开发的关系，加强生态环境的保护。

3. 打造智慧农业

智慧农业是农业中的智慧经济，或智慧经济形态在农业中的具体表现。智慧农业集互联网、云计算、大数据和物联网技术于一体，具备智能感知、智能预警、智能决策、智能分析、专家在线指导等功能，可使农业生产实现精准化种植、可视化管理、智能化决策，从而使农业具有"智慧"。智慧农业是智慧经济的主要组成部分，是发展中国家消除贫困、实现后发优势、经济发展后来居上、实施赶超战略的主要途径。

首先，农业生产要实现从人工向智能的转变。在耕种、养殖等生产流程中，我们必须减少对人力资源的投入，并构建农业生产自动化系统，该系统包括生态环境监测、精准调剂、作物模型分析等；在农业生产中，我们要依据生态环境和地理条件，优化生产技术，根据不同农产品的特性进行差异化种植；在农村工业生产中，我们需要追踪并实时记录农产品生产、加工等环节的相关信息，并创建加工产品识别号，让消费者可以通过识别号在网络上查询农产品从生产到加工的所有信息；在生产管理方面，一些大型农业生产研究机构如现代农业产业园、智能化农场等，需要广泛应用智能设施和互联网技术，以优化茬口作业计划、农业测土配方及农场生产资料管理等。这将有助于农业从业人员提高生产效率，促进农业生产的现代化和智能化。

其次，必须推动农业经营转型升级，实现差异化经营和个性化经营。随着云计算、物联网、大数据等先进技术的发展，农业市场的经营不再受限，通过对购买、流通等过程的农业生产资料进行实时监控，可以使信息不对称问题得到解决。我们要在各大电商平台开辟农产品销售专区，扩大农产品的销售途径；鼓励大型农产品企业建立完整的农产品管理体系，实现自建基地经营、自主配送，促进农产品向品牌化和市场化的方向发展。

最后，要拓展服务范围，为客户提供全方位的、准确的、动态的、科学的资讯服务。例如，基于北斗卫星的农业调度服务系统，通过户外高清大屏幕、移动终端等信息发布途径，将气象灾害预警和社会公共信息及时传递给农户，使"信息服务最后一公里"问题得到切实解决。借助农业调度服务系统，农业经营者可以学习先进的农业生产知识，获得生产经营方面的信息及农业科技方面的信息，这可以提高农业生产经营者的决策能力和抵御市场风险的能力，从而达到节约成本、提高收入的目的。云计算、大数据等前沿技术的运用，既可以促进农业管理向数字化、现代化方向转变，提高管理效率与透明度，又可以为实现农业可持续发展提供强有力的支持。

4.发展创意农业

创意农业是指农业产业与其他产业多元融合的综合型农业。创意农业不仅代表着农业发展理念的革新，更象征着农业发展模式的转型升级，已经逐渐成为农业现代化建设的潮流趋势。在"大众创业，万众创新"的时代，农业发展要想跟上时代的步伐，就必须被赋予有创意的内涵，唯有融入创意文化，才能实现农业的创意发展。创意让农业变得更有未来，创意农业可以引领时代发展。

一是以创新理念为导向，以创新技术为基础，进行新奇特农产品培育。我们要以现代高新技术为依托，大力发展特色农业，着力提高农产品加工与服务水平；借助先进技术将艺术元素融入农业生产过程，精心培育一批造型独特、工艺精湛、内涵丰富的创意农产品，提升农产品的附加值，促进农业产业的升级和转型。

二是深入发掘传统农业的文化底蕴，促进文化型创意农业的良性发展。在创意农业中突出文化元素，促进创意农业向优质方向发展，从而丰富创意农业的文化内涵。

三是为了促进一二三产业的融合，我们需要积极将创意农业发展为功能型创意农业。要积极拓展农业的教育功能、旅游功能、健康养老功能，促进农业与其他产业的深度融合，对农业产业及其经营场所进行全面包装、精心设计；打造功能型创意农业，提高创意农业的品质，进一步推动创意农业的产业化进程。

四是在21世纪，绿色发展理念日益深入人心，生态型创意农业已成为推动农业转型升级、促进乡村振兴的重要途径。为了推动生态型创意农业的发展，我们需要将其与美丽乡村建设紧密结合，并精心打造一系列引人注目的创意农业景观，将秀美的自然环境转化为丰富的经济价值，使绿水青山真正转化为"金山银山"。

五是打造全方位的宣传营销平台，促进服务型创意农业的发展。要创新农产品营销方式，通过别具一格的包装设计吸引消费者；通过友好亲切的品牌形象拉近与消费者的距离；通过丰富多样的营销活动提高农产品的知名度。

5. 发展乡村信息产业

深入推进"互联网+"现代农业，促进重要农产品全产业链大数据建设，加强国家数字农业农村系统建设。全面推进乡村5G网络建设，推进信息进村入户，实施"互联网+"农产品出村进城工程。推动农村电子商务公共服务中心和快递物流园区的建设和发展。

（二）发展多类型融合新产业、新业态

农林文旅康产业融合发展，是一二三产业融合发展的新路径，是农业、林业、文化、旅游、康养等产业业态的融合，是农民增收的新渠道，也是农业农村优先发展、融合发展和高质量转型发展的新动能。

1. "农业+旅游+休闲"发展模式

为了更好地开发乡村休闲农业，使其良好有序地发展，我们需要大力推进"田园综合体""休闲农庄"和"美丽乡村"的建设。在此基础上，我们要着力打造一批集多种功能于一体的乡村旅游品牌，以满足游客旅游、休闲、娱乐的需要，使其成为富民增收的特色产业；依托农业重点企业，打造一批集田园观光、采摘休闲、垂钓娱乐于一体的休闲农业园区，引导公众参与农业科普和农事体验活动，满足游客休闲放松的需求；积极打造中国美丽休闲乡村和全国休闲农业精品园区，提升乡村旅游的影响力和知名度；稳步推进农旅项目建设，积极举办乡村旅游节，打造旅游市场爆点，提高游客的参与度。

2. "农业＋文化＋旅游"发展模式

"用文化的理念发展旅游，用旅游的方式传播文化"已经成为文旅行业的共识。这一思想对于指导农业与文化、旅游融合发展意义重大。我们想要推动农业与文化、旅游产业融合，就要深入挖掘农业及农村文化元素，将文化内涵纳入旅游产品的研发当中。我们要依托农村丰富的自然生态和浓厚文化底蕴，通过对农村经济资源的优化配置和整合，将农村农业、旅游业和文化创意产业深度融合，以文化兴农助旅。借助文化产业的思维逻辑和发展理念，发挥创意、创新构思，有效地将科技和人文要素融入农业生产；在传统农业中引入创意种植、科普教育、情景体验、家庭农艺等文化消费项目，运用高科技，以农业景观为基础，增添观景台、作物雕塑、农场草垛等创意元素，打造创意农业田园景观。

3. "农业＋康养＋旅游"发展模式

我国自古有"农医同源"之说，我国现存最早的药物学专著就名为《神农本草经》，而"本草"则基本来自乡村，可以说，康养与乡村渊源深厚。乡村所有可用于发展旅游产业的资源都可以被用于发展康养产业，乡村特有的山、水等景观可使人的心灵受到熏陶，释放压力，调节机体的免疫系统，起到养生、保健、治疗的作用；农耕活动可让人们体验农耕文化，达到以动康养的目的；乡村民间习俗、传统节庆等，可以展现乡村悠久且和谐的整体面貌，是以和康养的基础；乡村可以提供绿色、无污染食材，它们可被做成养生食品，实现以食康养。伴随着人口结构的变化，居民消费水平提高与环境污染、食品安全等问题的矛盾日益突出，康养产业得到了国家高度重视。我们要围绕健康养生需求，把农业与康养（中医药、旅游、文化、体育）有效融合，开发集休闲农业、健康娱乐、医疗服务、养生度假等多功能于一体的项目；追溯"天然绿色食品＋药膳同源＋儿时回忆"，利用生物技术，对原生态的农产品进行创意加工，使其升级为高品质礼品、艺术品和高品位旅游商品。

4."林业+旅游+康养"发展模式

林业与旅游、康养产业融合的新型业态,是林业转型升级的新抓手、新方向。我们要推进林下经济与森林旅游有机结合,利用林下土地资源和林荫优势,种植药材、花卉,养殖禽畜,并在此基础上,发展特色林业休闲旅游;借助国家发展康养旅游的政策优势,打造具有影响力的森林康养运动基地,促进户外休闲和森林康养旅游资源的深度融合;围绕优质森林康养旅游资源,打造具有较高知名度的森林旅游地、精品森林旅游线路、森林特色小镇、森林体验和生态养生试点基地,促进户外休闲和森林康养旅游资源的深度融合。

(三)打造产业融合新载体、新模式

1.构建新型田园综合体

农业具有多功能性,为田园综合体实现农村产业融合、培育新产业和新业态提供了有效载体。田园综合体以农民合作社为主要载体,可以让农民充分参与和受益,集循环农业、创意农业、农事体验加新型社区或田园社区于一体,是一种前瞻性的乡村综合发展模式。在有发展条件的地方,我们要集中连片开展高标准农田建设,加强田园综合体区域内"田园+农村"基础设施建设,整合资金完善供电、通信、污水垃圾处理、游客集散、公共服务等配套设施,围绕田园资源和农业特色,做大做强传统特色优势主导产业,推动土地规模化利用和三产融合发展,大力打造农业产业集群;稳步发展创意农业,利用"旅游+""生态+"等模式,开发农业功能,推进农业与旅游、教育、文化、康养等产业的深度融合;积极壮大新型农业经营主体实力,完善农业社会化服务体系,强化服务和利益联结,逐步将小农户生产、生活引入现代农业农村发展轨道,带动区域内农民可支配收入的持续稳定增长;强化品牌和原产地地理标志管理,推进农村电商、物流服务业发展,培育形成1~2个区域农业知名品牌;牢固树立绿水青山就是金山银山理念,优化田园景观资源配置,深度挖掘农业生态价值,统筹农业景观功能和体验功能,凸显宜居宜业新特色;积极发展循环农业,充分利用农业生态环保生产新技术,促进农业资源的节约化、农业生产残余废弃物的减量化和资源化再利用,实施农业节水工程,加强农业环境综合整治,促进农业可持续发展。

2.打造宜居宜业的农业特色小镇

农业特色小镇是以特色农业产业为核心,可将美丽宜居、绿色生态、民俗文

化等特色有机结合起来,构筑集特色农业产业、农业文化内涵、农业观光等多项功能于一体的"宜居、宜商、宜业、宜养、宜游"现代农业发展平台。该平台是现代农业发展的新平台,为推进农业供给侧结构性改革提供了有效途径。我们可以在城市周边农业相对发达、生态环境良好的地区打造农业特色小镇,开发高附加值的农业产业集群,打造特产品牌,推动农产品深加工。

3. 打造文创休闲农业园

文创农业是一种新型的农业生产模式,旨在对传统农业和文化创意产业进行有机融合。将文化、科技和农业元素有机地结合起来,利用"文创"的思维逻辑,挖掘和扩展传统农业的功能,使其价值得到进一步的提高和充实。文创农业可以与农业休闲旅游项目相结合,打造文创主题农庄,进而以农业文化要素为主体和题材,满足游客农事活动体验、农业文化欣赏、游乐、休闲、养生、养老等多样化需求。在打造文创主题农庄时,要注重突出自己的特色,塑造自己的个性,深度挖掘当地风土人情,嫁接传统文化,多讲品牌故事,多用情感制造溢价。

4. 发展旅游型民俗村

要以传统村落为载体,以村落内的自然环境、人文资源和产业资源为基础,以特色农业生态观赏及民俗文化体验为内容,以古村落宅院建筑为重要吸引物,打造内容丰富、形式多样、产业融合的旅游特色民俗村;利用民俗歌舞、民间技艺、民间戏剧等,开展乡土文化游;利用古村落民居,开发特色民宿。

5. 培育中医药养生文化园

《中医药发展战略规划纲要(2016—2030年)》强调要发展中医药健康旅游服务。要在旅游业中推出中医药健康服务,开发以中医药文化为主要内容的中医药健康旅游模式。这种旅游模式既要包含中医的疗养、康复和养生,又要包含中医药文化传播、中药材研究等功能。我们要结合当地资源特色,研发和生产中医药健康旅游产品,精心打造中医药健康旅游线路,并建立一批国家级中医药健康旅游示范基地。同时,我们要确保中医药健康旅游服务规范化运作,并定期开展"中国中医药健康旅游年"活动,组织国际中医药健康旅游研讨会等,促进我国中医药健康旅游产业的快速发展。

在中药材主产区,我们要以中医药文化为主题,开发中草药植物园、中医养生馆、中医药膳、中医药浴、中医药卖场、文创展示场等项目,并打造集生态观光、教育科普、餐饮养生、文创工艺、药浴体验等于一体的中医药养生文化园。

二、推进质量兴农、绿色兴农、品牌强农

实施乡村振兴战略,必须坚持质量兴农、绿色兴农、品牌强农。实施质量兴农、绿色兴农、品牌强农战略,加快构建现代农业产业、生产、经营体系,有利于加快转变农业发展方式,提升农业优质化、绿色化、品牌化发展水平,促进农业高质量发展;有利于促进农业全面转型升级,增强发展的内生动力和可持续性,为乡村振兴提供新动能、开拓新局面;有利于做大做强优势特色产业,打造中国农业品牌,探索出一条有中国特色的农业现代化道路。

(一)健全绿色质量标准体系

绿色农产品生产离不开良好的生产环境。近年来,我国大力实施质量兴农战略,加快农业生产方式转型升级,加快绿色标准化基地建设,着力推进农产品生产技术规范和标准体系建设,旨在从源头上保障农产品质量,切实维护人民群众"舌尖上的安全"。

1. 健全完善农业全产业链标准体系

要加快建立与农业高质量发展相适应的农业标准及技术规范。全面完善食品安全国家标准体系,建立健全农产品等级规格、品质评价、产地初加工、农产品包装标识、田间地头冷库、冷链物流与农产品储藏标准体系,构建现代化农业工程标准体系,提高工程建设质量和投资效益。

2. 引进转化国际先进农业标准

要加快国内外标准全面接轨,实施"一带一路"农业标准互认协同工程,在适宜地区全面转化推广国际先进农业标准,推动内外销产品"同线同标同质",加快推进我国农产品质量达到国际先进水平。强化国际标准专业化技术专家队伍建设,深入参与国际食品法典委员会等涉农国际标准规则制定和转化运用,支持企业申请国际通行的农产品认证,促进政府间标准互认合作。

3. 建立农产品质量安全风险评估、监测预警和应急处置机制

要强化农产品质量安全风险评估,将"菜篮子"和大众粮油植物产品全部纳

入评估范围，依托农产品主产区（基地、企业、合作社、家庭农场、种植大户）设定监测点，实施动态监测。要强化检验监测预警，做到抽检一个产品、规范一个企业，并建立监督抽检发现问题、查处问题的激励机制；强化应急处置，建立快速反应、信息通畅、上下系统协同、跨区联动的应急机制，提高应急处置能力。

4.完善农产品质量安全监管追溯系统

我国农业生产主体多、链条长，农产品质量安全监管必须围绕薄弱环节、重点领域展开，以推进农产品追溯体系建设。我们要按照"互联网＋农产品质量安全"的理念，实施农产品质量安全追溯管理信息平台建设项目，率先将国家级和省级龙头企业、"三品一标"（无公害农产品、绿色食品、有机农产品和农产品地理标志）获证企业，以及农业农村部门支持建设的示范基地纳入平台；建立统一的编码标识、信息采集、平台运行、接口规范等关键技术标准，出台农产品质量安全追溯管理办法；利用互联网、大数据、云计算和智能手机等新型信息技术成果，推动智慧监管。

（二）大力推进标准化生产

要引导各类农业经营主体建设标准化生产基地，在国家农产品质量安全县整县推进全程标准化生产；加强化肥、农药、兽药及饲料质量安全管理，推进废旧地膜和包装废弃物等回收处理，推行水产健康养殖；加快建立农产品质量分级及产地准出、市场准入制度，实现"从田间到餐桌"的全产业链监管。

1.全面推进农业标准化生产

要在"菜篮子"大县、畜牧大县和现代农业产业园全面推行全程标准化生产，"十四五"期间将持续实施制种大县奖励政策和现代种业提升工程，提高基地规模化、机械化、集约化、标准化和信息化水平，力争到2025年国家级制种基地供种保障能力达到80％。

2.加强农产品产地环境保护

深入实施《"十四五"土壤、地下水和农村生态环境保护规划》，到2025年，受污染耕地安全利用率达到93%左右。《土壤污染源头防控行动计划（公开征求意见稿）》中指出，到2027年，受污染耕地安全利用率达到94％以上，建设用地安全利用得到有效保障。《土壤污染防治行动计划》中指出，到2030年，受污染耕地安全利用率达到95％以上。这些目标的设定旨在有效管控污染风险，保障农产品安全和人民健康。

3. 深入推进化肥减量增效行动

要大力开设绿色种养循环农业试点，使有机肥资源得到有效合理还田利用，到 2025 年有机肥施用面积占比增加 5 个百分点以上；进一步提高化肥利用率；推广施肥新技术、新产品和新机具，全面提升科学施肥水平，到 2025 年全国三大粮食作物化肥利用率达到 43%；加强动物疫病综合防治能力，严格落实兽药使用休药期规定，规范使用饲料添加剂，减少使用兽用抗菌药物。

（三）培育、提升农业品牌

农业品牌建设既是农业高质量发展的重要引领，也是农业高质量发展的重要标志。农业高质量发展必须以品牌建设为引领，从顶层设计到各个环节系统地部署推动，最终将资源优势转化为产业优势和市场优势。想要开展农业品牌提升行动，需要加快形成以区域公用品牌、企业品牌、大宗农产品品牌、特色农产品品牌为核心的农业品牌格局。

1. 构建农业品牌体系

实施农业品牌提升计划，有助于我国提升农业的整体竞争力。农业品牌提升计划旨在培养一批具有广泛知名度、优质品质及深远影响力的农产品品牌，以建立优势互补、特色鲜明的农业品牌集群和具有不同竞争优势的品牌策略体系。要在重点区域培育一批具有区域特色的农产品区域公用品牌；加大力度建设重点农产品保护区、粮食主产区、现代农业园区，培育出一批高产量、高品质的农产品品牌，如肉蛋奶、粮棉油等大宗农产品品牌。同时，要打造具有鲜明地域特色、精致美观的特色农产品品牌。农业企业在建立具有竞争力的企业品牌时，可以结合自身的产业化优势，加强自主创新，优化质量管理，提高营销成效。

2. 完善品牌发展机制

要建立农业品牌目录制度，组织开展目录标准编制、品牌征集、审核推荐、推选认定、培育保护等工作，发布品牌权威索引，引导社会消费；全面加强农产品商标与地理标志商标的注册和保护，构建我国农业品牌保护体系，打击各种套牌和滥用品牌行为。

3. 加强品牌宣传推介

要对中国农产品品牌的文化内涵进行深度挖掘，对其特有的故事进行细致讲述，综合运用多种传播手段，广泛宣传和推介品牌核心价值；探索进行品牌营销的新方式，充分发挥线下宣传平台的作用，同时利用互联网、大数据、人工智能等前沿技术，加大线上宣传力度；实行品牌营销战略，将品牌推向市场，确保农产品物美价廉；促进特色农产品优质化、绿色化、特色化和品牌化发展。

4.打造国际知名农业品牌

要加强市场潜力大、具有出口竞争优势的农业品牌建设，积极参与和"一带一路"沿线及周边国家和地区的农业合作，打造绿色、有机、无公害、特色、高附加值的农产品品牌，以"技术、品牌、质量、服务"为核心，提高我国农产品的国际市场竞争力；支持企业培育农产品出口品牌，推动企业以引进国外先进技术和优良品种与国内自主研发并重的方式，开发自主知识产权产品。

（四）强化资源保护利用

1.严格耕地保护制度

耕地是农业发展之基，水是农业生产之要。但长期的超强度开发利用，使得资源利用的弦绷得越来越紧，生态环境亮起了"红灯"。对此，在资源保护与节约利用上，我们要建立耕地轮作休耕、节约农业用水等制度，健全农业生物资源保护与利用体系。2024年2月28日，自然资源部发布的《2023年中国自然资源公报》显示：2023年，永久基本农田面积保持在15.46亿亩以上。

2.大规模推进高标准农田建设

高标准农田是指土地平整、集中连片、设施完善、农田配套、土壤肥沃、生态良好、抗灾能力强，可与现代农业生产和经营方式相适应的旱涝保收、高产稳产，被划定为永久基本农田的耕地。建设高标准农田，是巩固和提高粮食生产能力、保障国家粮食安全的关键举措。

2021年9月6日，《全国高标准农田建设规划（2021—2030年）》公布，并提出"到2030年建成12亿亩高标准农田，改造提升2.8亿亩高标准农田，以此稳定保障1.2万亿斤以上粮食产能"。截至2022年底，我国已累计建成10亿亩高标准农田。2024年2月29日，国家统计局发布了《中华人民共和国2023年国民经济和社会发展统计公报》，指出2023年全年新建和改造提升高标准农田面积574万公顷。

2024年1月1日，《中共中央 国务院关于学习运用"千村示范、万村整治"

工程经验有力有效推进乡村全面振兴的意见》中指出，要坚持质量第一，优先把东北黑土地区、平原地区、具备水利灌溉条件地区的耕地建成高标准农田，适当提高中央和省级投资补助水平，取消各地对产粮大县资金配套要求，强化高标准农田建设全过程监管，确保建一块、成一块。鼓励农村集体经济组织、新型农业经营主体、农户等直接参与高标准农田建设管护。

3. 加强农田水利基础设施建设

开展耕地质量保护和提升行动，国家统计局发布的《中华人民共和国2023年国民经济和社会发展统计公报》中显示，"2023年新增高效节水灌溉面积164万公顷"。采取"华北节水压采、西北节水增效、东北节水增粮、南方节水减排"等规模化高效节水灌溉措施，可有效减少农田退水对水体的污染，同时我们要按照"先建机制、后建工程"的要求，深化推进农业水价综合改革，完善农田灌溉工程体系，推行农业灌溉用水总量控制和定额管理，建设高标准节水农业示范区，推广抗旱节水、高产稳产品种，集成推广深耕深松、保护性耕作、水肥一体化等技术，提高土壤蓄水保墒能力。

水利是农业的命脉。水利系统按照《2023年水利乡村振兴工作要点》的要求，实施大中型灌区续建配套与现代化改造，推动优先将灌区建成高标准农田，完善农村供水工程网络，开展水质提升专项行动，开展水生态保护治理行动，开展河湖生态复苏行动，推进农村水系综合整治，为乡村发展、乡村建设、乡村治理提供强有力的水支撑和水服务。

（五）推动创新创业升级

实施乡村振兴战略是加快推进农业农村现代化的必然要求。创新是推动发展的核心驱动力，在农业现代化进程中，科技创新尤为关键。因此，我们必须紧密结合我国的国情与农业实际，依照农业科技的发展规律，精准确定农业科技的创新方向，并集中力量攻克重大科技难题，以促进农业创新发展。

当前，我们应围绕"大众创业，万众创新"的时代浪潮，积极寻找农村发展机遇，不断激发农村创业创新活力，以形成全民"双创"的乡村振兴发展局面。

1. 强化科技创新引领

为了推动我国乡村产业的稳健发展，我们必须着力培养乡村产业创新的主体力量，以促进农业科技创新和产业升级。为此，我们需要实施一系列有针对性的举措。首先，我们应构建农业科技示范园和高新技术产业园；其次，我们应构建产学研用一体化的协同创新机制，集中力量研究农业关键技术难题；再次，我们应持续推进种业"育繁推"融合发展，培育一批实力强大、规模宏大的种业企业，为农业的长期发展奠定坚实基础，并建设农产品加工技术集成基地，提升农产品附加值和市场竞争力；最后，我们应创新公益性农技推广服务方式，提高农技推广的效率，为乡村产业的持续健康发展提供有力支撑。

2. 促进农村创新创业

要积极引导高校毕业生、科技人才以及乡土能人到农村去创业。在此基础上，要建立乡村创新创业培训基地，提高乡村工匠、文化能人、乡村运营管理者等创新创业主体的综合素质，并进一步提升农民的创业能力，为农民增收致富开拓新途径。

3. 提升农机装备水平

要高度重视并加强对高端农机设备的生产研究，以此推动国家农业机械化的全面发展。要通过引进和研发先进的粮食生产机械，如高性能的收割机、脱粒机等，实现粮食生产全程的机械化；加大对渔业船只的技术改造和升级力度，推广使用先进的导航、捕捞、加工等设备，提高渔业设备的科技含量；大力推进农业机器人、无人驾驶农机等新型装备的应用，这些新型装备不仅可以提高农业生产的自动化和智能化水平，还可以大幅减少人力成本和提高生产效率；针对我国复杂多样的地形地貌，积极推进山地"宜机化"建设。

4. 加快数字农业建设

要优化关键农业资源数据库与台账体系，构建包括草原、耕地、渔业等在内的所有农业资源"数字化蓝图"；利用大数据技术调控农产品的生产、加工与流通环节，促进数字化农业建设；利用现有资源和现有技术，建设"农业云"管理服务平台，使农业管理水平和服务水平得到显著提高。

在此基础上，要开展"互联网+"农业、数字农业等现代农业活动，推动农产品数字化转型；在充分利用大数据技术、农业遥感技术和物联网技术的基础上，推进农业数字化生产，提升农业生产精度；在农产品生产、质量监测、物流等环节加强对数字技术的应用，保证农产品从种植到消费的各个阶段都能达到高标准。

三、构建现代农业经营体系

加快构建现代农业经营体系，是我国推进农业供给侧结构性改革的重要任务，是我国加快推进农业农村现代化的重要举措。

（一）壮大新型经营主体

目前，我国新型农业经营主体正处在成长的关键时期，打造一批以龙头企业为引领、以农民合作社为纽带、以家庭农场和农户为基础的农业产业化联合体，已经成为我国推进农业农村现代化、实施乡村振兴战略的时代使命。

1. 推进农民合作社规范化建设

农民合作社是广大农民群众在家庭承包经营基础上，共同成立的自愿联合、民主管理的互助性经济组织。截至2023年10月末，"依法登记的农民合作社221.6万家，组建联合社1.5万家。全国超过107万个组织开展农业社会化服务，服务面积超过19.7亿亩次，服务小农户9 100多万户"[1]。新型农业经营主体保持良好发展势头，质量效益稳步提高，服务带动效应持续增强。

然而，合作社的发展也存在诸多问题，如发展不充分、不平衡等。这是由部分农民合作社实力不强、运作不规范造成的，已成为阻碍其发展的核心因素。因此，如何规范并促进其发展，以促进良性运作，已成为当务之急。首先，要使农民合作社规范化运作，这是其高质量发展的基石，也是农业农村现代化当前及未来一段时间内最重要的一个方面。具体而言，第一，要严格要求农民合作社按章程运作。第二，要突出抓好财务规范。第三，要完善成员账户，明确农民合作社的产权关系，管理好成员账户，这是规范合作社的关键。第四，要想使合作社高质量发展，就必须提高其服务带动能力，合作社的服务带动能加强农民之间的联系，帮助农民增加收入。要依据当地得天独厚的地理优势，积极拓展农民合作社的业务，如生产、加工、销售业务，使合作社跳出单一的生产领域，走向生产、生活和生态深度融合的多元领域，发掘农业的多种功能，使它的综合服务能力和带动力得到进一步加强。第五，要实现高质量发展，实现转型升级、提质增效，推动合作社内部的联合协作，这是实现高质量发展的关键。要通过兼并、合并等组织重组、资源整合手段，使农民合作社增强自身实力。第六，要强化试验示范

---

[1] 光明网．农业农村部：新型农业经营主体保持良好发展势头[R/OL]．（2023-12-19）[2024-1-15]．https://baijiahao.baidu.com/s?id=1785703377140382810&wfr=spider&for=pc．

的引导作用，"龙头企业＋合作社＋农户"的生产经营模式应得到大力推广，这有助于发挥组织联结作用，从而促进产业的可持续发展。

2.大力培育家庭农场

家庭农场是以家庭成员为主要劳动力，从事农业规模化、集约化、商品化生产经营，并以农业收入为家庭主要收入来源的新型农业经营主体。2020年3月，农业农村部印发了《新型农业经营主体和服务主体高质量发展规划（2020—2022年）》，对家庭农场、农民合作社、农业社会化服务组织等新型农业经营主体和服务主体的高质量发展作出了具体规划。截至2023年10月末，"纳入全国家庭农场名录管理的家庭农场近400万个"[①]。我们要将家庭农场作为现代农业的主要经营方式，大力鼓励不同地区、不同产业探索多种发展路径，提高现代化管理水平和经营效益。要支持发展"互联网＋"家庭农场，提升家庭农场经营者互联网应用水平。

3.积极发展农业产业化联合体

要大力推广"龙头企业＋农民合作社＋农户"的农业产业化联合体经营模式。这种模式是带动农户家庭经营进入市场的一种重要的组织创新模式，有利于我们解决单个农户家庭解决不了的问题。农业产业化联合体是实现现代化农业的重要抓手，是推进乡村振兴的重要力量。一是针对目前我国农民专业合作社普遍存在的规模小、抵御风险能力不强等问题，我们需要引导其从单一合作走向联合合作，不断扩大合作范围；二是我们要帮助经营方式相似、产品相近的合作社成立联合社，从而扩大联合体的规模，同时也要将区域品牌资源发挥到极致，如通过"一村一品""一乡一业"使农民合作社联合起来；三是我们要引导合作社树立品牌意识，加强品牌的培育，通过举办专题培训、发送宣传资料等方式进一步普及有关商标的法律法规知识，并通过商标的注册及使用，提高产品及合作社的知名度和信誉度，进而提升合作社的市场竞争力；四是我们应该主动指导合作社采用先进的信息技术，如物联网技术、大数据技术等，加强其对生产和运营的培训及财务管理的培训，以促进电子商务的发展；五是要鼓励农民合作组织建立官方网站，将重要事项和日常经营信息公开，并运用人工智能技术、大数据分析等手段，帮

---

① 人民网.质量效益稳步提高 我国新型农业经营主体保持良好发展势头[R/OL].（2023-12-20）[2024-1-15].https://baijiahao.baidu.com/s?id=1785764812796359684&wfr=spider&for=pc.

助农户作出正确的决策;六是要支持邮政公司、农业服务公司和农民合作社提供农业生产性服务,如土地托管服务、农资供应服务、代耕代种服务等。另外,要推进乡村商店、集市升级转型,发展养老托幼、批发零售、环卫等生活性服务。

4.加快建设农业社会化服务组织及体系

2019年,《农业农村部办公厅 财政部办公厅关于进一步做好农业生产社会化服务工作的通知》中指出,要积极支持村"两委"、集体经济组织、农民合作社发挥作用,组织推进小农户通过合作和联合实现耕地集中连片,统一开展农业生产托管,统一接受耕、种、防、收等生产服务,发展服务规模经营。同时,要支持家庭农场、合作社等新型经营主体,通过"流转+托管"等方式,广泛接受农业生产性服务。促进农业从传统农户分散经营向集约化、专业化、组织化、社会化相结合的新型经营体系转变,是我国建设现代化农业强国的必由之路。

2020年,《农业农村部 财政部关于做好2020年农业生产发展等项目实施工作的通知》中表明,"坚持以习近平新时代中国特色社会主义思想为指导,贯彻落实党中央、国务院关于'三农'工作重大决策部署,紧扣打赢脱贫攻坚战、加快补齐全面小康'三农'短板、突出抓好粮食生猪等重要农产品稳产保供等重点任务",支持深化农业供给侧结构性改革,推进农业高质量发展。

一是要以提高农业要素配置效率为目标,以培育新型农业经营主体为载体,以体制机制创新为动力,以健全农业生产社会化服务体系为支撑,合理利用相关的资金,充分调动小农户的生产积极性,为农业现代化注入新活力。

二是要创新农村土地流转模式,促进土地规模经营。要鼓励农户依法采取转包、出租、互换、转让、股份合作等形式流转土地,集聚土地资源,并支持农民以土地承包经营权作价出资或者入股的方式设立土地专业合作社,从事农业生产经营。

三是要根据农民意愿,统一连片整理耕地,将土地折股量化、确权到户,经营所得收益按股分配,也可以引导农民以承包土地的方式入股组建土地股份合作社。

(二)培育多元融合主体

培育多元化的农村产业融合主体,推进农村产业融合发展,是一项既利当前、又利长远、一举多得的综合性举措。通过培育多元融合主体,可以使农村产业融合发展总体水平明显提升、产业链条完整、功能多样、业态丰富、利益联结紧密、产城融合更加协调的新格局基本形成，农业竞争力明显提高，农民收入持续增加，农村活力显著增强。

1. 强化农民合作社和家庭农场基础作用

要引导和促进家庭农场、农民合作社规范发展，加快构建新型农业经营体系，引导大中专毕业生、新型职业农民、务工经商返乡人员领办农民合作社，兴办家庭农场，开展乡村旅游等经营活动；支持符合条件的农民合作社、家庭农场优先承担政府涉农项目，落实财政项目资金直接投向农民合作社工作，创新财政支农方式；开设农民合作社创新试点，引导发展农民合作社联合社，引导土地流向农民合作社和家庭农场，在农业现代化中充分发挥家庭农场的基础作用和农民合作社的引领作用。

2. 支持龙头企业发挥引领示范作用

要优化区域空间布局，引导农业龙头企业向农产品生产基地、特色农产品生产区发展。要在财税、资金、人才等方面提供相关扶持政策，重点培育、引进和扶持一批具有较大规模和较高起点的龙头企业。在此基础上，要打造"龙头企业＋合作社＋农户"的协作发展模式，即企业通过建设示范基地、开展订单农业活动等措施，指导合作社和农户开展规模化、规范化的生产活动。这对农业产业链整体竞争能力的提高是非常重要的。对于有实力和有优势的龙头企业，要鼓励其通过优势品牌和资本运作来实现资金的优化分配，并进行跨行业、跨地区、跨所有制的合作，从而推动整个行业的发展和优化升级。要推动农业产业化，就必须大力培育和发展龙头企业。具体措施包括：优化农业龙头企业中农产品的加工、流通环节；引进新型的营销模式，如电子商务；提供优质的农业社会化服务。此外，要引导农业龙头企业建立具有一定规模、有一定规范的原料农产品生产基地，使合作社和农户成为新型农业产业化经营中的成员。要提高农产品的附加值，龙头企业就必须合理分配资源，打造一体化产业链，实现供应链优化管理。同时，龙头企业可以通过现代化物流系统、农产品销售网络促进农产品流通。要发挥我国农垦企业的优势，大力发展一批具有国际竞争力的现代农业企业集团。同时，积极开展农垦合作与建设，以示范带动乡村产业的发展，是我国乡村发展今后的工作方向。

3.发挥供销合作社综合服务优势

要大力发展规模大、规范性强的农产品加工、流通企业，加强供销合作社与新型大型农业企业的合作；完善和优化供销合作社的运营模式，为商品流通方式与商业模式的创新提供技术支撑；建设全范围的电商平台，提高供销合作社的营销能力；进一步扩大供销合作社的业务范围，增加城乡社区服务功能和农业社会化服务；在农业资源供应、农产品生产流通、农村服务等方面，为农户提供优质的服务，满足农户各方面的需求。

4.积极发展行业协会和产业联盟

要鼓励龙头企业、农民合作社、涉农院校和科研院所成立产业联盟，支持联盟成员通过共同研发、科技成果产业化、融资拆借、品牌共有、统一营销等方式，实现信息互通、优势互补；利用产业联盟、行业协会等社会组织充分发挥"政企研学用"桥梁纽带作用，开展标准制定、商业模式推介等工作。

5.鼓励发展农业产业化联合体

要支持发展多种融合模式，鼓励发展农业产业化龙头企业带动、农民合作社和家庭农场跟进、小农户参与的农业产业化联合体；支持发展县域范围内产业关联度高、辐射带动力强、多种主体参与的融合模式，实现优势互补、风险共担、利益共享。

（三）构建利益联结机制

紧密型利益联结机制以广大农民分享增值收益为出发点，以促进农民自主创业与合作经营为重点，旨在建立利益共享、风险共担、合作共赢的联结机制，促进乡村农业产业、生产、经营体系的高质量发展。要通过农民的广泛参与、农企之间收益分享模式的创新及政策的引导，不断增强农民参与融合能力，进而让农民更多分享产业融合发展的增值收益和红利，实现农民的共同富裕。

1.提高农民参与度

农民是乡村振兴的主体，在农村建设和发展过程中发挥重要的作用。我们要强化农民的主体地位，让他们有参与感和获得感。首先，要提高农民自主创业与合作经营的积极性和能力，让他们愿意创业、有能力创业，这是重要的工作内容。其次，要引导新型农业经营主体多元化融合发展，并促进新型农业经营主体的合作与联合，带动和促进农民创业或参与经营过程。最后，要壮大农村集体经济，增强农村自身"造血"能力,激发农村发展内生动力,让所有农民搭上乡村振兴的列车,让农民在集体经济中获得红利,实现平衡发展。为了实现乡村振兴战略的全面推进,我们必须促进集体经济的壮大与发展,统筹协调农村的政治、经济、文化、生态文明建设有序推进,使农业转型为一个充满活力和前景的产业,使农民成为一个更好的职业选择。只有这样,农村才能蜕变为一个令人向往、美丽宜居的家园。

2. 创新多种利益联结方式

要引导农业企业与小农户建立契约型、分红型、股权型等合作方式,把利益分配重点向产业链上游倾斜,促进农民持续增收;完善农业股份合作制企业利润分配机制,推广"订单收购+分红""土地流转+优先雇佣+社会保障""农民入股+保底收益+按股分红"等利益联结模式。此外,农村电商也逐渐成为利益联结机制的组成部分,目前我国农村电商发展较快,让广大分散的小农户通过合作社、协会等社会化组织与电子商务平台形成利益联结,在此过程中加快农村一二三产业融合,也是促进乡村振兴的有效途径。

3. 鼓励共同营销模式

要通过行业协会、龙头企业、农业合作社、家庭农场、普通农户等组织,开展农产品营销推介和品牌运作活动,加大地方特色品牌的宣传力度,建立有效的共同营销模式,增加农民收入;鼓励农民以土地、林权、劳动、技术、产品、资金等为基础进行多种形式的合作与联合,让农民在共同营销模式中有话语权。同时,要引导农村集体经济组织合理开发利用集体土地、房屋、设施等资源和资产,使其成为吸引客户合作的有效法宝。要使营销模式和配套措施共同发力,让农产品"走出去",让营销有实效,真正惠及农民,振兴农村产业。

4. 建立稳定的农企订单和契约关系

要引导龙头企业在互惠互利的基础上,通过保底价收购、利润返还、建立风险基金等方式,形成稳定购销关系;鼓励龙头企业通过承贷承还、信贷担保等方式,为农户、家庭农场、农民合作社提供贷款担保,资助订单农户参加农业保险;鼓励农产品产销合作,建立技术开发、生产标准和质量追溯体系,设立共同营销基金,打造联合品牌,实现利益共享。

(四)加强农产品流通体系建设

在农产品流通体系建设方面,主要存在产、供、销等流通环节的堵点问题,要以"促进农业生产、提高流通效率、保障市场供应、方便群众生活"为导向，优化农产品市场布局，不断完善农产品流通链条，进一步强化农产品产销衔接，稳步建立高效、畅通、安全、有序的农产品流通体系，打通农产品流通"最先一公里"，全力提高农产品流通效率。

1. 加强农产品市场体系建设

要建成一批农副产品交易中心、农产品产地批发市场、特色农产品集散中心，构建起县城、乡镇、其他专业市场的农产品市场体系；加强农产品产后检测、清洗、分拣、预冷、烘干、仓储、物流、营销等农产品商品化处理设施建设，提高农产品商品化处理能力和错峰销售能力，通过新建、扩建、改造等方式，加快形成覆盖城乡居民点的农贸市场、社区菜店、生鲜超市等农产品零售终端体系。

2. 强化农产品冷链物流体系建设

要鼓励各类投资主体投入更多资金、资源，加大对农产品冷链产业基础设施的建设力度，重点加强农产品冷链设施建设，补上冷链物流短板，同时要构建高效、保鲜、便捷的冷链物流体系，鼓励冷链物流企业与农产品生产基地、农产品销售企业等开展深度合作。此外，要鼓励快递公司优化物流设施，利用生鲜电商平台积极开发生鲜快递和冷链快递业务，促进冷链物流产业的良性发展，提高农特产品保鲜运输能力。

3. 培育农产品对接主体

要鼓励大中型流通企业，通过直接投资、兼并重组等方式进入农村市场，支持农产品流通企业建设销地生鲜配送中心、产地集配中心、农产品销售终端等流通基础设施，培育一批产销联营的农业产业化龙头企业、农民专业合作社及其他农业合作经济组织，发挥省级特色产业产销协会作用，联合市县经销队伍"抱团出省"，扩大农产品销售市场，培养农产品"营销大王"和"营销能手"，扩大经营规模，提高产业集中度和市场竞争力，不断壮大农产品流通主体。

4. 搭建农产品营销对接平台

要通过组织开展对接会、展览会、交易会、洽谈会、田头对接、网上对接等形式的产销对接活动，实现农产品产销的有效对接；搭建线上线下一体化对接平台，让农产品生产主体、流通主体、经营主体都能参与进来，并强化他们的交流和合作；利用网络购物平台，积极组织各种生产和销售交流活动。同时，要创新农产品产销对接模式,优化农餐对接、农超对接、农企对接,以满足不同市场的需要;加强与大中型连锁超市的合作,构建稳定的供货渠道;建设专项农产品生产基地,为餐饮企业、超市和学校食堂供应农产品;组织采摘节、订单会等活动,集中展示不同区域的农产品,为农户与消费者提供一个直接沟通的平台。

5. 培育农村电商新业态

要深入推进电子商务进农村综合示范,完善县、乡、村三级物流体系,构建农产品上行通道,支持农产品生产流通和销售主体建立网络销售平台,培育发展农产品流通电子商务平台,进一步推动农产品生产销售网上衔接,扩大网上交易规模,发挥电子商务平台的品牌塑造优势,依托各地地域文化、资源优势、特色产业,培育一批网红农产品品牌,提高市场知名度,提升农产品价值,促进农民增收,形成"工业品下乡进村,农产品出村进城"的双向流通网络。

6. 提升农产品加工流通水平

要大力扶持各地区发展农产品加工产业,以促进我国特色农产品优势区、粮食主产区的可持续发展;打造一批具有较高科技含量的农产品深加工基地,以此提高农产品加工的市场竞争力;引导农户、合作社对农产品进行初级加工,扩大农产品销路,带动农户增收;优化农产品流通网络,促进农产品流通;进一步完善我国农产品物流网络、冷链物流体系,保证农产品的品质与安全。

第二节　强化乡村人才振兴

实施乡村振兴战略,有助于促进人的全面发展,确保居民能安居乐业、实现个人成长并满足其不断发展的需求。乡村振兴离不开人才的支撑与推动,因此人才被视为乡村振兴的核心要素。为了实现乡村人才振兴,我们必须重新认识人才,构建有效的人才发展机制,并满足他们的发展需求。不仅要使人才流向乡村,更要确保他们能在乡村稳定工作与生活,最终利用他们的智慧与才能推动乡村的持续发展。

一、培育新型职业农民

要以培养造就一支"一懂两爱"的"三农"工作队伍为重点,积极培育新型职业农民和乡土人才，完善职业农民培育机制，鼓励和引导外出能人、城市人才返乡入乡创业创新，充分发挥农村贤人、能人、富人等对乡村振兴建设的示范引领作用，逐渐形成乡村人才济济、蓬勃发展之势。

（一）全面建立新型职业农民制度

乡村振兴，关键在人。推进农业农村现代化，实现农业强、农村美、农民富，首先要推进人的现代化和农民的职业化。新型职业农民不同于传统的农民，他们不仅是促进农业从传统向现代转型升级的重要力量，更是将农业与二、三产业紧密结合起来，推动农村创新创业的关键要素。培育新型职业农民是解决"谁来种地""如何种好地"问题的根本途径，是深化农村改革、构建新型农业经营主体的关键举措，是统筹城乡发展、实现全面建成小康社会的重要保障。

1.建立新型职业农民制度是乡村振兴的重要创新

新型职业农民给农业、农村、农民带来了深刻的变化，承载了我国农业的希望和未来。一是新型职业农民通过生产经营，获得了较大的经济效益，为更大规模、更高品质地发展现代农业蓄积能量，进而极大改变农村面貌；二是新型职业农民是乡村经营体系的核心主体，我国农业的未来从业主体将主要由大型农场、龙头企业、农村合作社等组织形态构成。同时，新型职业农民将在其中占据重要地位；三是在推进农业向专业化、集约化和社会化新型农业生产体系转型过程中，新型职业农民将起到关键性的主体作用和基础作用。

2.新型职业农民是乡村振兴的重要支撑

在推进乡村振兴战略中，农民是关键。因此，我们必须加大对新型职业农民的培养力度，激发新型职业农民的创造性和工作积极性，进而提高农业生产的效率。这在乡村振兴早期阶段是非常重要的一项任务。培育新型职业农民，是推进农业现代化发展、推动农村经济和社会发展的必由之路。

3.新型职业农民是推进城乡发展一体化的重要保障

长久以来，我国农村大量的劳动力、资金等关键生产要素资源持续向城市转移，这一现象使我国城乡发展严重失衡，是我国经济和社会发展面临的突出问题。统筹城乡发展的核心是要使城乡之间的各类要素公平交换，使公共资源得到合理分配。要想做到这一点，就要从科技素质、文化素质、生产管理等方面加强对新型职业农民的培养，使农民转变为真正的职业人员。要让全体农民平等参与现代化进程，共同品尝现代化劳动成果。同时，还要吸引更多的退役军人、高校毕业生、科研人员等到农村创业，将劳动力、资金、技术等资源引入乡村，以促进新产业的发展，促进农村经济的繁荣，逐步缩小城乡之间的差距。

（二）实施新型职业农民培育工程

扶持农民发展、提高农民素质、富裕农民生活，是推动农业现代化建设的核心目标。要实现这一目标，关键在于吸引优秀青年投身农业、培养新型职业农民，打造一支具备现代农业知识和技能的人才队伍。首先，要建立健全专门的政策机制，为新型职业农民的培育提供有力保障；其次，要制订科学的培育计划，整合农业教育资源；最后，要开展有针对性的培育，提高培育能力。要通过以上措施培育出一支全能型新型职业农民队伍，推进乡村农业发展。

1. 新型职业农民培育工程

国家和地方政府要共同推进新型职业农民培育工程，采取"全省＋全市＋县"的示范推广战略，力争最终实现全省所有县市的"全覆盖"。要通过各种人才培育计划，加快建设一支全能型新型职业农民队伍。具体来说可采取以下措施。

新型农业经营主体带头人轮训计划，主要针对重点人群，如养殖大户、农场主、农业龙头企业负责人和农民合作社带头人，用5年时间对其进行全方位、系统性的培训，目的是提高这些人员的综合能力，满足现代农业发展的需要。要将重点放在强化对新型农业经营主体带头人的规范化管理上，给予政策上的支持和后续的跟进服务，帮助他们发展各种形式的适度规模经营。这对于促进我国农业现代化进程中新型职业农民队伍的建设具有重要的现实意义。

现代青年农场主培养计划面向18～45岁、中学及以上文化程度的返乡务工人员、退役军人及年轻农民，要求开展3年培训，其中包括"2年培养"和"1年跟踪服务"。要加强对现代青年农场主的培训指导、创业孵化、认定管理、政策扶持，吸引年轻人务农创业，提高其创业兴业能力。

农村实用人才带头人培训计划以贫困地区农村两委干部、产业发展带头人、大学生村官等为主要对象，以现代农业和新农村发展的先进典型村为依托，按照"村庄是教室、村干部是教师、现场是教材"的培养模式，通过专家授课、现场教学、交流研讨，不断提高农村带头人的增收致富本领和示范带动能力。

2.新型职业农民学历提升工程

要鼓励农业职业院校对新型职业农民开展提升学历的教育,以促进农业现代化,提高新型职业农民队伍的综合素质和学历水平;支持涉农职业院校开展新型职业农民学历教育,面向专业大户、家庭农场经营者、农民合作社负责人、农业企业经营管理人员、农村基层干部、返乡下乡涉农创业者、农村信息员和农业社会化服务人员等,通过农学结合、弹性学制、送教下乡等形式开展农民中高等职业教育,重点培养具有科学素养、创新精神、经营能力和示范带动作用的新型农业经营主体带头人与农业社会化服务人员,有效提高新型职业农民队伍综合素质和学历水平;建立学分银行,将培训内容按学时折算学分,搭建农民职业培训与中高等职业教育衔接的"立交桥",为新型职业农民实现多样化选择、多路径成才创造有利条件;鼓励高等农业院校大力实施卓越农林人才培养计划,创新教育培养模式,面向现代农业培养领军型职业农民。

3.新型职业农民培育信息化建设工程

为了增强新型职业农民在信息化服务领域的技能,我们应致力于改善教育培训的条件。在此基础上,我们要开发一个新型职业农民信息化培训平台,提供综合服务,包括管理考核、在线学习和个性化指导。要在国家层面重点发展信息化平台所需的基础设施,建设国家培育资源制作基地、信息交换中心、在线学习管理中心、移动互联信息服务系统等硬件、软件和云存储条件;省级信息化平台重点建设各省资源制作基地、资源传播中心和在线学习中心;县级信息化平台重点建设多媒体资源库、双向卫星远端站、现代化多媒体培训教室、农民田间学校信息服务站等。

(三)创新培育组织形式

要振兴农村经济,关键是要培育高素质的人才,特别是培育新型职业农民。只有培育出更多的新型职业农民,才能为乡村振兴提供坚实的人才支撑。

1.构建科学的培育体系

积极推动新型职业农民发展,首要任务是建立科学的培育体系,确定培育对象,拓展培育内容,制订个性化的培育计划。在培育新型职业农民的过程中,我们既要传授实用的农业生产技能,还要传播农业、科技发展理念,农场管理理论及农业文化,以提高他们的整体素养,促使他们能够展现自己的才华,增强技能,追求梦想，成为致富的典范及农业发展的关键推动力量。美丽乡村将成为他们展现才能、追寻梦想的主要阵地。

2. 创新培育机制

为了有效推进新型职业农民的培育计划，我们必须不断深化对培育途径的探索，积极促进培育机制的创新发展。要鼓励新型职业农民根据自身实际情况，灵活选择学习方式，积极参与中高等农业职业教育，以不断提升自身素质和技能水平。同时，鼓励专业技术协会、专业合作社等机构在培育工作中发挥更大的作用，承担起更多的培训责任。此外，应积极在农业园区中建立专门的实践和学习基地，为新型职业农民和创业者提供更多的实践机会和学习资源。为了更好地培育和管理新型职业农民，我们需完善注册、登记、档案保管制度，同时，要加强对新型职业农民社会保障制度的完善；加强财政、税收、金融、保险等相关政策体系的建设，以提高新型职业农民的竞争力，为其发展提供有力保障。

二、加强乡村专业人才队伍建设

乡村振兴，特别要精准施策"育人才"，为发展"铺路子"。为了推动乡村振兴战略的实施，我们必须培养一支具备"一懂两爱"特质的乡村专业人才队伍，为构建现代农业产业体系、生产体系、经营体系和促进农村一二三产业融合发展提供人才引领与支撑，这是乡村振兴战略的重要内容。今后一个时期，我们要按照乡村振兴战略的总体部署，围绕产业链、价值链、创新链布局人才链，统筹抓好农业农村人才队伍建设。

（一）打造具有国际水平的农业科研人才队伍

农业科研专家是引领农业科技创新的核心力量，他们是农业科技的核心竞争力。农业科研需要科研人员进行长期而深入的探索，以及众多基础性工作的支持，这就要求科研人员能够长期坚持科研。因此，我们需要遵循农业科研的内在规律，构建科学合理的人才培养与选拔机制。

1. 加大稳定支持力度

要不遗余力地推动农业科研人才培养计划的实施，充分整合并利用现代农业技术和资源，为在关键研究领域的科学家提供持续稳定的支持。同时，要积极寻求并设立新的农业科研人才资助项目，以鼓励科研人员更广泛地参与各种竞争性科研项目的申请，促使他们在创新领域取得卓越的成果，实现个人价值的提升和职业成长。

2. 完善协同培养模式

国家农业科技创新联盟等在推动乡村专业人才协同培养方面发挥着重要作用。它们通过整合各方资源、优化人才培养机制，为乡村地区输送了大批具备专业技能和创新精神的农业科研人才，促进了产学研一体化发展，推动了农业科研成果的转化和应用，为乡村振兴和农业现代化提供了有力支撑。

3. 健全评价激励机制

要建立根据产业发展贡献进行分类评价的机制，激励科研人员将其成果投入乡村振兴中，使其为之作出贡献；总结种业领域人才发展和科研成果权益改革经验，完善农业科研人员分享科研成果转化收益的新模式，构建更注重人才价值的分配奖励机制。

4. 注重青年人才培养

青年人才思维敏捷，具有较强的创造力和创新能力。要使"杰出青年农业科学家"资助项目的作用得到最大程度的发挥，应对事业初期表现突出、具有较大发展潜力的青年人才给予各方面的支持。要想做到这一点，就要主动搭建更多的发展平台，使他们的创新潜力得到最大程度的发挥。

（二）建设扎根服务基层的农技推广人才队伍

农技推广人才是促进农业科技成果转化和产业化的关键，也是推进农业农村现代化建设的一支主力军。我国迫切需要深化农技推广体制改革，加快农业社会化服务机构的发展速度。要将农业生产的现实需求和农民满意程度作为衡量指标，对基层科技服务的政策进行优化，并探讨建立公益性技术推广与市场化合作的新途径，保证科技服务到田间，真正解决"最后一公里"难题。

1. 加大公益性队伍建设力度

为了保证基层科技工作者能不断地获得与现代农业发展相适应的知识与技术，我们应积极拓宽他们的继续教育渠道。具体来说，可以采取补充新鲜血液、加强在职培训和提高学历水平等手段，保证公益性技术推广人员的稳定和可持续发展。

2. 创新基层农技服务机制

为了推进农业现代化，我们要提升农业综合生产能力，积极引导并鼓励涉农院校、农业科研机构、农业产业园等积极参与农技推广服务；探索农技服务特聘计划，以进一步补充农技服务人员，为农业的持续健康发展提供坚实的人才支撑。

3. 营造农技推广良好环境

要对农业专业技术职称体系进行优化和改进，对基层农技人员给予更多的重视，吸引和鼓励更多优秀的农技推广人才到乡村去，为广大农民群众提供有实效的服务。同时，要积极组织"最美农技员"评选活动，展示他们全心全意为人民服务的崇高情怀和务实创新的精神面貌；充分发挥"全国十佳农技推广标兵"资助项目的积极引导功能，为农技推广创造良好环境。

（三）培养善于致富带富的农村实用人才队伍

新型职业农民作为农民群众中的优秀代表，发挥着引领农民走向富裕的带头作用，同时他们也是促进农业农村现代化建设的骨干人才。在我国农村实用人才队伍中，新型职业农民是重要组成人员。建设"一懂两爱"农村实用人才队伍的途径有三种：一是培育新型职业农民；二是培养农村实用人才带头人；三是培训新型农业经营主体带头人。

1. 加快培育爱农业、懂技术、善经营的新型职业农民

新型职业农民培育工程旨在培养热爱农业的新型职业农民、掌握先进技术的科研人才和擅长经营的农业职业经理。有效实施新型职业农民培育工程的前提是创新培育机制。此外，我们还要充分发挥各级政府和社会各界的作用，提高新型职业农民的综合素质。

2. 完善农村实用人才带头人示范培训机制

乡村振兴战略的顺利实施离不开一系列乡村振兴带头人示范培养活动。要通过拓宽资金来源，逐步扩大培训范围，力争全覆盖培训；在指导人员的培养上下功夫，在教材的编写上下功夫，大力推广精品教材，以保障乡村振兴带头人示范培养的质量；进一步完善选拔和培养方法，并创新培养内容和培养方法；根据实训基地的特点，进行有针对性的培训。为了进一步提高培训的精准性和有效性，我们可以搭建农村实用人才带头人学习平台。

3.深入推进贫困地区"扶志扶智"行动

扶贫先扶志,扶贫必扶智。扶志就是扶思想、扶观念、扶信心,扶智就是扶知识、扶技术、扶思路。如果扶贫不扶志,扶贫的目的就难以达到;如果扶贫不扶智,就会导致农民知识匮乏、智力不足、身无长物,甚至造成贫困的代际传递。要从根本上摆脱贫困,必须智随志走、志以智强,实施"志智双扶"。2023年8月,农业农村部副部长、国家乡村振兴局局长撰写的《借鉴脱贫攻坚经验 全面推进乡村振兴》一文中指出,"在脱贫攻坚实践中,强调贫困地区发展要靠内生动力,贫困群众既是脱贫攻坚的对象、更是脱贫致富的主体,实行扶贫与扶志扶智相结合,既富口袋也富脑袋"。

4.拓展农村实用人才培养途径

要实施农村实用人才教育培训计划,并在此基础上充分发挥新型经营主体如社会化服务组织、专业合作社和其他社会组织的"蓄水池"作用,为人才培训提供强有力的支撑。同时,要充分发挥"全国杰出农村实用人才"和"全国十佳农民"等资助项目扶持计划的激励和引导作用,鼓励农村实用人才为乡村振兴作出积极贡献。

(四)开发富有工匠精神的农业技能人才队伍

农业技能人才队伍建设是我国农业农村现代化的重要保障。为了促进农业技能人才的职业发展,我们应该采取一系列措施。要加强农业技能人才的培养和教育,提高农业技能人才的技能水平和创新能力,并建立起一支创新型的农业技能人才队伍,为我国农业农村现代化提供有力的人才支撑。

1.加强职业技能培训

要加强农村劳动力职业技能培训,使其在技能培训过程中不断开发新的职业技能;以产业重点工程为基础,有目的地对农民进行技能培训;保证农民培训方式与效果的可推广性与可评价性,使农业从业者的专业技术得到充分提高,使农业职业技能培训取得良好效果。

2.加大新兴职业开发力度

要密切结合新时期农业农村发展的现实需要,大力培育新兴职业,如农业职业经理人、新型职业农民、乡村电商人才等,从而为新型农业经营主体与新型职业农民的深度融合发展提供强有力的保证与支撑。

3. 完善职业资格认定,实现技能提升

要严格落实《国家职业资格目录(2021年版)》有关要求,实施好4项9个农业行业职业资格认定,并进一步规范提升农业行业职业资格认定管理水平;广泛开展农业行业职业技能竞赛,大力提高技能人才操作水平和解决实际问题的能力,营造学技能、用技能、比技能的良好氛围。

(五)壮大充满生机活力的农村创业创新人才队伍

在我国,农村创业创新人才有较大的发展空间。新农民新技术创业创新(简称"双新双创")是解决乡村振兴问题的一条有效途径,它既可以吸引更多优秀的人才到农村,又可以引导农民改变思维方式、生产生活方式,还可以快速培养农村创业人才。因此,我们要主动吸纳各种类型的人才到农村创业,让城市的管理、科技、资本等优质资源聚集到乡村,让农村创业创新人才的智慧和才能得到充分利用,在乡村营造浓厚的创业、创新氛围。

1. 加大农村创业创新人才培训力度

加大农村创业创新人才培训力度的途径有以下四种:一是开展生产经营方面的培训;二是开展市场拓展方面的培训;三是在品牌打造方面,培训可以帮助农村人才树立品牌意识;四是开展公司治理方面的培训,这对于农村创业创新人才同样具有重要意义。

2. 加强创业创新导师队伍建设

要依托农村实用人才带头人示范培训,发现、培育、壮大农村创业创新导师队伍,发挥他们的作用,帮助农村创业创新人员快速成长。

3. 营造农村创业创新良好环境

要编制支持政策,引导和协助乡村创业者利用先进的思想、技术,深入发掘农业和乡村资源,开发有本土特色的优势产业,最终实现一人创业带动一方致富的经济发展模式。定期举办乡村创业创新大赛,充分调动乡村农户创业创新的积极性,营造良好的乡村创业创新环境。

三、创新乡村人才培育引进使用机制

创新乡村人才培育引进使用机制是破解乡村人才瓶颈制约的重要途径,可以

有效盘活农村人才存量，扩大多渠道输送人才增量。人才培养、引进与使用是一体化的。培育和引进优秀人才的目的在于使人才的价值得到充分发挥。而人才的使用则是发现与培养人才的关键环节，同时也可为引进人才提供更大的发展空间。要巧妙运用内部与外部人才资源，既要积极培养与开发内部人才，也要大胆引进外部人才，使内部培育、外部引进和综合使用一体化，为各类人才提供施展抱负的机会和条件，真正做到人尽其才、才尽其用。

（一）创新乡村人才培育

乡村人才培育要保证本土人才的根本地位，积极培育本土人才。这是推进乡村人才振兴战略的关键。要将自主培养与人才引进融为一体，创新乡村人才培育机制；通过教育培训、技能培训、实践锻炼等方式，实现"三位一体"的人才资源综合开发；对愿意扎根农村，能够长期留守农村的优秀人才进行全面培养；组织城乡人才、校地人才交流分享活动，为乡村振兴提供新的生机和动能。

1. 培育本土人才

要进一步加大人才培育力度，着力培育本土人才，进一步打造本土人才队伍。针对基层发展乡村人才薄弱问题，我们要加大农村劳动者职业技能培训、返乡务工人员创业培训、品牌培训等的力度，开设好家政、电工、种植养殖、农村职业经纪人等专题培训班，搭建好专家服务基层平台；着力培养种植养殖业示范大户、专家组织带头人、创业致富带头人，打造一批本土的乡村人才，积极培育更多爱农业、懂技术、善经营的新型职业农民，为乡村创业发展提供人才、智力支撑。

2. 搭建人才服务平台

要建立多种形式的创业支撑服务平台，完善乡村创业支持服务体系，优化人才返乡创业环境；鼓励地方设立乡村就业创业引导基金，出台鼓励"城归""新农人""新乡贤"利用电商平台等返乡创业的优惠政策；在乡村基层搭建联系服务平台，将散落在农村各行业的人才挖掘出来，建立县域人才统筹使用制度和乡村人才定向委托培养制度，结合互联网与大数据技术，分层分类建立乡村振兴"人才数据库"，统筹协调使用。

3. 完善人才培育机制

要推进人才发展体制机制改革和各类人才队伍建设，建立政府引导、市场配置、部门协作、才智共享的机制，为不同层次人才提供乡村创业空间。要遵循人才成长规律，不拘一格地挖掘新时代人才、培育人才、留住人才，盘活人才存量。要完善创新型职业农民培训机制，做到培训内容、方式和课程体系等与其需求适应；建立政府主导、统筹安排的培训机制，通过构建新型职业农民培育体系，将培育和留住人才作为破解乡村振兴人才瓶颈的关键手段；深化人才培养机制改革，建立人才培养方案动态调整机制，实现人才培养和社会需求的有效结合，"把论文写在大地上"；推行以能力和业绩为导向的农业科研人才、农技推广人才分类评价机制；建设农村实用人才培训基地与全国农村实用人才培训网络，整合涉农单位、社会机构组建师资队伍，充实师资库，挖掘培育懂技术、善管理、有理念的"田秀才"与"土专家"。

4. 扩大人才培育规模并优化人才结构

农村实用人才和农业科技人才是我国实施人才兴农战略的骨干力量。一方面，要扩大农村实用人才和农业科技人才规模。以各类人才培养为目标，增加生产型、经营型、技能服务型、复合型人才数量；另一方面，要改善农业人才结构。要统筹挖掘和培育"三农"工作干部队伍以及新型职业农民、乡村本土人才、农业科技推广人员、"三农"工作科研队伍等。要重视培养年轻村干部，改善农业科技人才学历结构，增加高层次创新型人才。要积极引导农业专业技术人才扎根基层，提高基层农技推广人才比重，保障其合理待遇。

5. 注重外部人才引进与本土人才培育相结合

要通过市场机制吸引社会人才参与，形成人才向农村基层一线流动的用人导向；通过人才引进吸引更多专业人才加入，夯实"三农"队伍硬实力；初步建立城乡融合发展体制机制，提高人才生活保障，以增强外部人才对乡村的认同度和接纳度。要创新本土人才培育载体，提高其素质、能力，拓宽其眼界。应设立农业农村人才发展专项基金，借助高校、科研院所的科研技术力量，施行农技推广服务特聘计划，并通过分类遴选，资助和培养农村实用人才与乡土人才。乡村振兴离不开乡贤、能人、精英等人才的推动，新时代乡村振兴呼唤"新农人""城归"等新群体，只有实现人才聚集，乡村振兴才有底气。关键是如何把人才的心留在乡村。要在乡村植入现代的就业形态与新模式，以适应新时代人才的知识技能结构需要。要结合当地资源禀赋，破除地方梗阻，因地制宜搭建多种平台，创新体制机制，在资金支持、政策保障、财政优惠、公共服务、教育培训、投资环境等方面建立全面的保障体系，打出"扶持政策组合拳"，构建全链条优惠政策体系，为乡村振兴人才培育、成长创造良好的政策环境与发展机会。

（二）创新乡村人才引进

创新乡村人才引进，就是要积极鼓励各类人才进乡村。要打好"乡情牌""乡愁牌"，念好"招才经""引智经"，想方设法创造条件，让乡村的机会更吸引人，让农村的环境留住人，让乡村的产业留住人，让乡村更有人气。要推动能人回乡、企业兴乡，带动资金、技术和人才的进入；要畅通智力技术管理下乡通道，引导、吸引更多的社会各界人才流向乡村。

1. 吸引外来人才

想要促进乡村振兴，首先要创造条件"引人才"，为发展"架梯子"。要加强农村基础设施建设，大力改善农村人居环境，逐步缩小城乡差距，吸引外出务工人才回乡创业、反哺家乡建设。要厚植"乡土情怀"，以乡情乡愁为纽带，支持鼓励企业家、党政干部、技能人才等通过返乡投资创业、包村包项目、担任志愿者、捐资捐物等方式服务乡村振兴事业。要通过"筑巢引凤""以情引才"和"以才聚才"，增强人才"集聚效应"，吸引更多的人才在乡村振兴中施展才华、建功立业。

2. 明确人才引进方向

要对人才总量、人才结构及人才的市场价值等农村人才资源进行深度剖析。要在充分利用当地人才资源的前提下，根据农村的实际状况和具体需要来确定引进对象，从而保证引进人才充分发挥作用，避免出现人才浪费现象。

3. 完善人才引进机制

要健全人才柔性流动机制，本着"不求所有，但求所用"的原则，打破部门、行业、地域、所有制的界限，并通过联合攻关、委托开发、技术转让、技术入股、团队引进、核心人才带动、项目引进和高薪聘用等形式，吸引各方人才参与乡村的建设。对于急需的专业技术人才、学术带头人、海外留学人员、拥有专利或专利技术的发明人，以及其他具有特殊才能的各类专业人才，相关部门应一律从速、从简办理引进手续。

要积极推进乡村教师"县管校聘""三支一扶"和特聘教师计划等，组织实施高校毕业生基层成长计划。

4. 创建人才集聚载体

我国高等院校、科研院所和企业研发部门是培养人才的三大平台。要充分发挥高等院校、科研院所、企业研发部门等科研队伍的优势，建设创新型产业园区、高新技术孵化园区，这一举措的目的是更好地培育和吸引具有较强竞争力的各类高层次人才，创建人才集聚载体和平台。

（三）创新乡村人才使用

要建立一套科学的人才使用制度，以促进农村人才的综合开发与高效利用。这一机制的目的是推进乡村振兴战略。要使人才使用制度顺利运行，就必须抛弃以往的论资排辈的落后思想，摆脱一切制约人才成长的观念。对于人才选拔，要择优录取、公平公正，保证优秀的人才都能在这个过程中脱颖而出。同时，要淘汰一些瞻前顾后、能力不足、缺乏创新的人，为甘于奉献、敢为人先、有能力的人提供机遇和平台。

1. 用好乡村各类人才

要帮助新型职业农民在市场经济的大潮中经风雨、见世面，进而成长为乡村经济发展的主力军。应该对那些专业技术水平高、能力突出并且作出了巨大贡献的人予以提拔和职称评定。要积极吸纳和发展农村优秀人才，把他们放在中国共产党员候选人队伍和村级干部储备队伍中。要根据优秀人才的实际表现，将其选拔进村级干部队伍；建立奖惩机制，对作出贡献的优秀人才予以奖励，对拖后腿、影响乡村发展的人予以惩罚。在农业贷款、农业发展项目、农资供应等方面，要对农业科技人员给予倾斜。

2. 激发乡村人才活力

要全面激发乡村人才的活力，在制度、机制等方面进行改革和创新。要对现有制度、机制中的问题进行深刻剖析，并采取改善措施。要营造良好的文化环境，强化对人才的人文关怀。要让人才的价值观、思想等获得足够的认同和尊重，从而凝聚起一股强大的力量，推进乡村振兴；要有针对性地制定并落实一系列人性化的举措，对人才在生活、工作中所面临的现实困难进行有效的帮助，使他们真切地感到温暖与支持。唯有如此，才能最大程度地激发乡村人才的活力，让他们更好地服务于新时期"三农"工作，进而为全面推进乡村振兴贡献智慧与力量。

3. 创新乡村人才服务机制

在新时代，要进一步强化对人才工作的理解，要主动地创新、优化人才服务机制，以提高乡村人才服务品质。要为乡村人才创建一个良好的工作环境，以包容的态度对待乡村人才，为乡村人才提供周到的服务。要充分考虑人才的类型、层次和需求，为不同人才提供不同服务，消除人才发展的顾虑，使他们能全心全意投身于工作，为乡村振兴出一份力。

四、加大相关人员培训力度，支持科技人才下乡

（一）发展职业技术教育与技能培训

要加快发展面向乡村的网络教育，依托"互联网+"，同步开展网上教研和在线教学；加大涉农高校、涉农职业院校、涉农学科专业建设力度，深入实施新生代农民工职业技能提升计划，建设一批产教融合基地；健全统筹城乡就业政策和服务体系，推动公共就业服务机构向乡村延伸，加强与帮扶地区政企联系，大力拓宽就业渠道，安排专项经费，开展多层次就业技能培训；加大农民教育培训力度，提高农民科技文化素质；继续深入实施"雨露计划"，加大脱贫县的职业教育补助力度；实行强化涉农高校、涉农职业院校、农科院帮扶责任和体制机制，继续选派专家团队、科研人员挂职到乡镇参加专项帮扶工作。

（二）实行"科技人才下乡计划"

要促进创新技术、科研成果、高端人才等资源向农业农村集中；实施"百团千人科技下乡"工程，充分发挥科研院校人才对实施乡村振兴战略的支撑引领作用，全面推进科研人员深入农村一线开展创新创业服务活动；与科学院、农科院等专业技术团队建立合作对接关系，鼓励研究所等科研人员挂职到乡镇参加专项工作，聚焦"一村一品"布局和农业先进适用技术，围绕特色优势产业开展科技帮扶项目。

第三节　繁荣兴盛乡村文化

乡村振兴，既要注重基础设施建设，更要注重乡村文化的培育和发展。要通过深入挖掘和弘扬乡土文化，丰富乡村文化内涵，提升乡村文化品质，让乡村文化成为引领乡村振兴的灵魂。只有让乡村生活成为人人向往的文化生活，才能吸引更多的人才到乡村，促进乡村产业兴旺，让乡村成为人们幸福生活的家园，从而真正实现乡村振兴的宏伟目标。

一、加强村风民俗和乡村道德建设

要让社会主义核心价值观深入人心，文化引领至关重要。抓好文化落地生根，是乡风文明建设必不可少的内容。以弘扬社会主义核心价值观为引领，运用人类社会所创造的一切优秀文化成果来熏陶、教化人，实现敦风化俗、以文化人是社会主义核心价值观落地生根的必然要求；加强村风民俗建设，以村风民俗习惯为重点，积极推进移风易俗，形成文明、进步、向上的新风尚是社会主义核心价值观发挥引领作用的主要路径。

（一）加强农村精神文明建设

要想深入推进我国农村精神文明建设，就必须坚定不移地坚持以社会主义核心价值体系为指导。这就需要我们从三个层面入手进行实践培养、教育指导、制度保障。同时，要结合乡村实际，采取切实可行的对策。只有这样，我们才能不断加强农村精神文明建设，促使社会主义核心价值观在乡村落地生根，提高农民综合素质、提振农民精神状态、提升农村文明程度，促使我国农村精神文明建设发生根本性转变，为乡村振兴打下良好的思想和道德基础。

1. 践行社会主义核心价值观

核心价值观，这个看似抽象的概念，实际上无处不在，一个人的言行举止、待人接物的方式，甚至是他对待困难和挑战的态度，都是他的核心价值观的体现；一个家庭的家风，就是这个家庭长期形成的核心价值观的体现；当我们将视角扩大到国家社会层面时，核心价值观则表现为一个国家或一个社会的共同理想和民族精神。要让核心价值观真正发挥作用，不仅需要教育引导，更需要每个人的自觉践行。尤其是党员干部，作为社会的中坚力量，更应该充分发挥模范带头作用，要自觉履行义务，充分认识自己的责任，带头学习好、贯彻好、宣传好社会主义核心价值观。要通过绘制宣传画册、编印学习手册，采取戏剧、歌舞、晚会、摄影展等符合农村特点的方式方法，发挥"两微一端"（微信、微博、移动客户端）等载体功能，广泛开展理想信念教育，深化中国特色社会主义和中国梦宣传教育；抓好典型示范，精心设计开展农民群众喜闻乐见、主题鲜明、形式多样的文化宣传活动，把社会主义核心价值观送往乡村田间，充分发挥其敦风化俗、成风育人的教育引导作用，并把社会主义核心价值观融入法治建设，更好地运用法治手段维护公共价值，强化公正文明执法，彰显社会主流价值。

2. 加强农村思想文化阵地建设

第一，要加强和改进群众性思想政治工作。按照加强"三基建设"（基层组织、基础工作、基本能力）的战略部署，各级基层单位、基层党组织、农村社区应精准发力，结合当地实际情况开展相关活动，有效地加强农村地区的思想政治工作。要对当前乡村社会中存在的焦点问题进行深入解读，并引导人们产生理性的社会预期；加强对农村群众思想政治工作的指导，积极开展形势政策教育活动。在新的社会组织中，思想政治工作也要与时俱进，不断地进行创新的探索与实践。要充分关注对未成年人的思想政治教育，并对其进行正确的价值观引导。同时，作为培养栋梁之才的重要阵地，高校的思想政治教育同样不可忽视。要继续深化"基层建设强化年"活动改革，要完善心理疏导机制，培养自信、自尊、理性、积极进取的健康思想。

第二，要全面深化思想政治教育，提高国民的道德素质。为了构建和谐、文明社会，我们必须加强家庭美德、职业道德、社会公德和个人品德教育。在这个过程中，党员干部要以自身的良好品德和道德行为引领社会风尚。具体来说，我们可以在乡村开展"中国公民道德论坛""英雄模范"活动，加强乡村群众对时代楷模的学习。要大力宣传"最美人物"、好人好事、身边好人等，宣传先进典型，以激励广大群众主动参与精神文明建设；创新发展乡贤文化，大力开展孝道、勤俭、文明礼仪教育，使更多的人了解中华优秀传统文化；加强社会诚信建设，建立健全社会诚信体系，加强企业文化建设，培养创新创业的人才。

第三，要拓展群众性精神文明创建活动，进一步提高文明村和文明乡镇的占比。要持续推进"美丽乡村·文明家园"等示范村建设，以"科学规划、注重质量、从容建设"的原则开展文明村镇创建活动。

第四，要持续开展"一墙两榜三活动"（建立一个文化墙，建立善行义举榜、好人榜，开展创建文明家庭、移风易俗、新乡贤文化活动），弘扬崇尚劳动、尊崇劳动者的观念，传承中华传统孝道，形成尊老爱幼、孝敬长辈的良好社会风气。要注重培育良好的家庭教育，传承优秀的家训家风，积极推动评选"文明家庭"和"最美家庭"等活动的开展，促进爱国爱家、和睦相处、崇尚美德、共同发展的家庭文明新风貌的形成，并完善文化、科技、卫生下乡（简称"三下乡"）长效机制。

3. 倡导诚信道德规范

第一，要加强乡村公民道德建设，充分开发并利用乡村传统道德资源，推进社会、家庭道德建设，同时要深化个人品德与职业道德建设，使农村群众的道德水平持续提高。建立健全先进模范发挥作用的长效机制，基层党员干部要带领人民群众共同建设道德模范乡村。要加强对乡村群众的道德教育，强化农民的社会责任感和奉献精神；在乡村构建征信系统，实现全面覆盖，健全信用奖惩制度，在全国范围内推广诚信道德规范；通过诚信道德教育弘扬中华民族诚实守信的优良传统。

第二，要深入开展"十个一"创建活动（建好一个农家书屋，建好一个村广播室，建设一个村文化活动室和文化活动广场，建设乡风文明一条街，设置一个善行义举榜，建设一支乡贤文化骨干队伍，设立一个道德讲堂，制定一整套乡规民约，评选表彰一次"十星级文明户"，评选表彰一批好婆婆、好媳妇、好家庭），以富有地域特色和乡土气息的文明创建活动，浸润人心、深植基层，以典型和榜样的嘉言善行感召群众、垂范乡里，充分发挥榜样标杆的道德模范作用。

（二）强化乡村道德治理的政治支撑

在国家大力推进乡村建设的大背景下，乡村道德治理作为基层政府的核心职责之一，对于维护乡村社会的和谐稳定、促进乡村发展具有至关重要的作用。基层政府作为连接乡村与上级政府的桥梁，可对乡村道德治理产生直接的影响，这是基层政府工作特有的优势和最坚实的政治基础。但是,当前有些基层党委和政府在农村道德治理工作中存在着治理力度不足、精力分布不均衡等问题。并且新农村建设任务艰巨,诸多问题需要解决。为此,我们需要对乡村道德治理的政治支持与工作保证给予足够的关注,以保证乡村道德治理工作的顺利开展。

1. 发挥政府的主导作用

党管农村是我党长期以来坚持的优良传统之一,基层党委、政府必须高度重视并科学调整和细化道德治理措施。治理力度应适中,既不过度干预乡村生活的自主性,也不放任不良道德风气的滋生蔓延;应通过因地制宜、因时制宜的策略,维护乡村道德秩序;应营造良好氛围、创造必要条件,并为之提供充足的人力、财力和物力支持;应聚焦突出问题,积极探索解决方案,寻求创新突破;要紧密围绕群众道德需求,开展有效的思想疏导工作。通过这些措施,我们能够增强乡村居民的道德自觉性和主动性,促使乡村道德治理工作深入人心。

2. 注重民间自治组织的发展

近几年,乡村精神文明建设成效明显,许多乡村成立了"红白理事会""道德评议会"等村民自治组织。但是,通过实地调研发现,许多村民自治组织的实践成效并不理想,很多都是形式上的,并没有发挥出应有的作用。当前,如何使村民自治组织发挥道德治理的作用是亟须解决的一个难题。推进村民道德自主治理是一种潮流趋势,要充分调动"徒有虚名"的基层组织的活力,有效地解决其公信力不足、约束力不足、工作人员待遇不能得到保障等难题,从而建立起村民自治组织的威信与影响力。

(三)完善乡村道德治理的运行机制

乡村道德治理是一项长期而艰巨的任务,无法一蹴而就,各种现实问题也不能在短期内被解决。因此,我们必须从现实出发,积极探索并建立科学有效的制度规范和保障机制,并确保这些规范和保障机制能得到广泛遵守和顺利运行。只有这样,我们才能使乡村道德治理这一重要任务得以持久开展,并取得实效。

1. 探索建立投入保障机制

农村道德治理的重要性不容忽视,其投入与产出之间的关联亦不可忽视。为了高效、深入地完成治理工作,我们必须予以必要的经费支持。缺乏资金支持,不仅会影响治理的成效,而且难以获得高质量的回报。因此,应探索并建立一套科学合理的投入保障机制。只有经费充足，我们才能积极开展农民道德教育和道德实践活动，并强化宣传教育平台与阵地建设，从而提高农民的道德文化水平，满足其不断提高的道德需要。为了保证乡村道德治理工作的顺利开展，我们可以采取社会募捐、设立道德治理基金等方式来解决经费问题。

2. 探索建立协调联动机制

加强乡村道德建设，既要加强精神文明建设，又要加强教育指导，还要有科技和法规政策支持，这涉及许多部门，因此，我们必须加快建立一个规范化、有秩序的联席会议制度，使各个部门的优势、资源得以有效地结合。以此为契机，我们要促使有关部门主动制定并执行一些切实可行、行之有效的便民、利民措施，在乡村建设中形成合力，以提高乡村道德治理的效率。

3. 探索建立激励奖惩机制

农村道德建设的重要意义是毋庸置疑的，所以建立健全激励和奖励机制是当务之急。道德建设工作的比重可直接影响基层工作的配置和工作强度。我们要在此基础上，探索实行"以奖代补"的办法，对道德建设取得成效的村进行适当的奖励。另外，要充分调动广大群众的积极性。在这一过程中，我们可以借鉴其他地区的一些先进做法，在实践中探索实行"道德积分"制度，并建立"道德档案"。此外，我们可以对道德模范进行宣传、表扬、奖励，对那些没有道德底线的人进行曝光和处罚。

4. 完善村规民约

紧密结合当地的实际情况，以传统优良道德为基准，引导各个村落修订出更加贴近村民生活、易于理解和执行的村规民约，修订完善有特色、有约束力、有操作性的村规民约，这是推进农村精神文明建设的重要举措，可以提高村民的道德素质，促进农村社会的和谐稳定和持续发展。

二、弘扬中华优秀传统文化

要立足乡村文明，充分发挥我国历史悠久、底蕴深厚的文化资源优势，既要继承和发扬中华优秀文化，又要主动吸收外来文化的精华。在对传统文化进行传承、保护的前提下，我们要对文化进行转化，不断丰富其内涵，使其表现形式得到进一步的拓展，为强化中华文化的自信心奠定扎实的基础。

（一）传承发展优秀传统文化

中国传统的社会生产经济形态是农耕经济，农业为古老的中华民族提供了基本的衣食之源，创造了相应的文化环境，规定了特定的政治道路。

1. 加强传统农耕文化保护

随着社会不断发展，传统农耕文化受到了前所未有的冲击，农耕文化面临间断甚至消失的危机。因此，想要走中国特色社会主义乡村振兴道路，必须传承发展农耕文化，走乡村文化兴盛之路，深入挖掘农耕文化中蕴含的优秀思想观念、人文精神、道德规范，充分发挥其在凝聚人心、教化群众、淳化民风中的重要作用。

2. 加强乡土文化保护

乡土文化从其涵盖的范畴来讲，至少包括物质、精神、制度、行为四个文化层面。近年来，很多传统的乡土文化被列入了非物质文化遗产（以下简称非遗）保护名录，乡土文化的保护与传承日益受到重视，但还有相当多的乡土文化遗产正面临消失的处境。因此，我们可采取以下措施应对。

要以社会主义核心价值观等现代文明要素强化传统乡土文化，找到接口，建好载体，明确抓手，让乡村文化活起来，实现历史传承与时代特征并存、与华夏共性兼容。要制定出台传统村落保护发展管理办法，开展传统村落保护工程，加大对古镇、古村落、古建筑、农业遗迹等物质文化遗产的保护力度，坚持保护中发展、发展中保护的原则，将传统村落保护与开展农村危房改造、实施乡村清洁工程、发展特色产业、保护生态环境有机结合，积极推进文化遗产的合理适度利用，探索传统村落遗产保护与文化传承新业态、新模式、新路径。

要全面启动乡村文化记忆工程，挖掘抢救优秀乡土文化资源，对乡村历史脉络、文化烙印、村落传承和乡风民俗等进行调查和整理，在文化原生地保护、展示、宣传和传承优秀文化遗产，并通过田野调查，收集汇总乡土文化的实物和资料，整理形成乡土文化档案和数据库，为更好地利用文化资源打好基础；开展非遗传承发展工程，进一步完善非遗保护制度，鼓励各地出台相应的配套政策，在传统村落产权置换、宅基地制度改革等方面"先行先试"，选择基础条件好、地方积极性高、资源集聚的区域并将其作为国家级、省级传统村落分类保护利用的试点；深入开展如"我们的节日"等主题活动，丰富春节、元宵节、清明节、端午节、中秋节、重阳节等传统节日文化内涵；开展各种展示活动，围绕"文化遗产日"举办非遗保护成果展、非遗广场展、"传统美术和手工技艺展""鼓书表演专场""书会曲艺邀请赛"等活动，提升社会团体的参与积极性，增强人民群众对非遗工作的认同感和保护意识；以乡村手工业、建筑业和民间文艺为重点，把国家的非遗传承人群研修研习培训计划延伸到乡村，并通过学习专业知识、研究技艺和技术、开展多种形式的交流研讨与实践活动，帮助非遗项目持有者、从业者等传承人群强基础、拓眼界、增学养，提高文化自信、传承实践能力和可持续发展能力，从而培养一批技艺精湛、扎根农村、热爱乡土的乡村工匠、文化能人和非遗传承人；在具备条件的农村地区设立非遗综合性传习中心、传习所和传习点，推动文化生态保护区建设。

（二）重塑乡村文化生态

中国的乡村文化源远流长、丰富多彩，它不仅承载着农耕文明的历史记忆，还深刻影响着人们的价值观、生活方式。乡村文化不仅是乡村的灵魂，更是美丽中国的根基。在快节奏的现代社会中，随着城市化的推进和现代化的发展，乡村文化面临着前所未有的挑战和冲击。因此，我们应该采取切实有效的措施，重塑乡村文化，让乡村文化在现代社会中焕发出新的生机和活力，为美丽中国建设贡献力量。

1. 留住乡村文化传承载体

要与特色小镇和美丽乡村的建设密切结合，对乡村的特色文化符号进行深度挖掘，充分利用当地的、民族的特色文化资源，保护传承各具特色的民居、民宿原生形态，使特色化、差异化的优秀乡土文化得到传播和传承。

首先，在城市化进程中，如何留住乡愁、保护乡村的"原汁原味"成为我们必须面对的问题，我们必须尊重乡村的原始风貌，保持其多姿多彩的风格，这样才能传承乡村文化。其次，公共空间是乡村文化的重要载体，修缮和维护公共空间是保护乡村文化的重要手段。公共空间包括古老的庙宇、祠堂、戏台等，这些空间承载着丰富的历史和文化信息，是传承中华民族精神的重要场所。最后，农民是传承乡村文化的重要力量。与此同时，要吸引城市居民到农村去，让他们体验乡村的魅力。要将自然与人文相融合，创建美丽乡村，使乡村居民感到幸福与自豪，进而推动乡村文化的继承与发展。

在乡村文化的传承与保护中，我们必须以形神兼备为导向，保持村庄的整体空间形态，加强对自然资源和传统建筑资源的保护，防止其在发展过程中被破坏和遗忘，加强对传统习俗和生活方式的传承和弘扬，努力保持村庄的完整性、真实性和延续性，留住乡土气息，焕发乡村魅力。

2. 重塑农民"以乡土为本"的价值观

美丽乡村的构想并不是仅局限于乡村的自然景观，而是涵盖了更为丰富的文化内涵和生活氛围。农民作为乡村文明的创造者和传承者，拥有着无可替代的地位。在构建美丽乡村的过程中，重塑农民的价值观显得尤为重要。我们需要激发广大农民主体的自觉性和主动性，让他们意识到自己是重要的乡村文明传承者，让农民成为乡村文明传承和发展的主体力量，使其拥有文化自信心和归属感。

3. 以文化惯性保持乡村文化多样性

要想保留美好农村的文化底蕴，推动文化多元化，就需要对文化惯性有更深的理解。首先，我们需要正视当前一些乡村文化传承断裂的现状，必须采取积极措施，将乡村艺术文化传播到更广泛的领域，吸引更多人的关注和参与。其次，我们必须以多元化的视角去审视和发掘乡村文化的深厚内涵，对传统乡村文化进行再认同。我们需要从多个层面入手，保护物质和非物质文化遗产，诠释传统文化精华。最后，我们需要借助文化惯性的力量去积极复活消失的乡村文化。通过美丽乡村建设这一良好的契机，我们可以让乡村文化在新的环境中焕发出新的光彩。

4. 加快乡村艺术人才培养

人才队伍是农村文化建设事业的主体，繁荣农村群众文化生活、发展文化事业与文化产业离不开一支业务强、素质精的文化队伍。因此，要抓好农村业余文化骨干队伍建设，传承发展民间音乐、地方戏曲、民间舞蹈、地方曲艺；完善专家参与机制，鼓励专家进村入户，形成一支稳定的专家队伍；充分发挥乡贤的重要作用，引导他们参与传统村落保护和弘扬优秀传统乡土文化；引导企业家、文化工作者、退休人员、文化志愿者等投身乡村文化建设，开发乡村历史文化、民俗文化、生态文化等；吸引优秀人才尤其是文化旅游创意人才参与乡村建设，深挖历史古韵，弘扬人文之美，重塑诗意闲适的人文环境和天绿草青的居住环境，重现原生田园风光和乡情乡愁。

（三）发展乡村特色文化产业

在当今社会，随着城市化的快速发展，乡村文化的保护与传承日益受到人们的关注。乡村文化振兴为乡村文化产业的发展提供了坚实的基础，乡村文化产业的发展反过来又促进了乡村文化的振兴。大力发展乡村特色文化产业，有助于促使乡村文化与经济的融合发展。乡村文化振兴与乡村文化产业发展是相互促进的关系，它们共同构成了乡村发展的双重动力，为乡村的繁荣与进步注入了新的活力。

1. 建设农耕文化产业展示区

我国农耕文化资源大致包括十六类，即农耕产品、农耕器具、农耕技术、农耕方式、农业水利工程、农灾防治、贮藏方法、农趣体验、农耕艺术、农食、农贸、农居、农事崇拜、农业政策与制度、农学思想与农书、礼仪与习俗。要系统分析这些文化资源的类型，综合考虑不同类型的农耕文化资源之间的内在联系，深入挖掘其背后蕴含的文化价值，以文化价值为核心，对农耕文化资源进行产业化开发。一是要规划建设以农耕文化为主题的重大文化旅游项目，通过农田景观、主题住宿、主题餐饮、农耕体验、农学知识、农产品、特色工艺品等，将带有农耕文化的原色、建筑、产品、思想等聚合呈现，强化体验式消费场景下的文化传承与发展；二是要建设集研究、体验和教学等功能于一体的农耕博物馆。要以传统农耕文化精髓，赋予实体空间深厚底蕴，集中展示语言、戏剧、民歌、风俗、祭祀、礼仪、政策、理论、宗教等农耕文化元素。

2. 实施传统工艺振兴计划

传统工艺是一种以手工劳动为主的生产形式，它融合了民族、历史和地域特征，与人们的生产生活息息相关。传统工艺是工业生产所不能取代的独特技艺，具有创造性和独特个性。我国劳动人民在长期的生产生活中创造了许多优秀的工艺，这些传统工艺蕴含着丰富的文化价值，是人民智慧的结晶和实践成果。我国传统工艺种类繁多，涵盖了衣食住行的各个方面，遍布于各民族、各地区。传承中华传统工艺对培育多元的文化生态、增强我国文化自信具有重要意义。振兴传统工艺能够将手工劳动中的创造元素展现出来，能够促进整个社会对精益求精的工匠精神的培养与推广。同时，民间手工艺的复兴也可以带动当地的就业，达到精准扶贫的目的，既可以增加当地居民的收入，也可以给传统的街区、村庄带来新的生机。

3. 推动文化、旅游与其他产业的深度融合

在保持居民原有生产生活方式、维护乡村生态景观的原始风貌、传承特色民俗文化的基础上，我们应以村庄村落的固有布局为基石，在少量改动的情况下，实现人与自然、人与人之间的和谐共生。各乡村地区应积极挖掘并开发具有鲜明地域特色的文化资源，以塑造独特的品牌形象。在体验经济时代，我们要大力发展体验式旅游，以满足消费者的体验需求。体验是游客在文化旅游过程中感受当地特色文化的有效途径。

要运用主题形象再现、风情环境再现、人物故事再现、虚拟时空再现、历史事物再现和传承升华方法，在创新与创意中追求文化体验的提升。同时要注意将文化资源进行物化，形成有形的旅游产品和商品，以供游客购买和消费，实现旅游开发的经济效益。

要依托乡村特色文化资源，促进农村特色文化产业发展，着力强化顶层设计、产业布局、资源保护利用、人才培养，积极探索发展农村特色文化产业的路径和模式，并建设一批特色鲜明、优势突出的农耕文化产业示范区，创建一批特色文化产业乡镇、文化产业特色村和文化产业群；紧紧抓住大力实施乡村振兴战略、乡村经济换代升级的良好机遇，大力发展具有浓郁乡土特色的民间艺术和传统手工技艺，实施传统工艺振兴计划，拓宽传统技艺的市场化道路，促使传统工艺提高品质、形成品牌、带动就业，激发产业效应，加快特色文化产业与旅游等相关产业融合发展，并通过丰富产品体系、延伸产业链条、提高品牌价值等，不断强化特色文化产业创新能力和发展活力，把产业培育与发展落实到乡村产业兴旺、农民增收、文化繁荣上来，为推动乡村振兴、绿色发展提供持久动力；通过财税政策、土地政策、政府服务等方面的优惠和倾斜，编制文化旅游发展项目名录，以指导财政补贴、引导企业投资，着力打造一批传统村落旅游精品景区，建设一批传统村落文创基地，培育一批特色旅游村落，推出一批文化创意商品，促进文化资源与现代消费需求的有效对接，以形成具有国际影响力的产业体系。

三、提升乡村文化质量

为了进一步完善乡村公共文化服务体系，我们需要遵循有网络、有标准、有内容、有人才四大原则。优化城乡公共文化服务体系有助于丰富乡村文化产品供

给，提高服务品质，激发农村文化市场的活力，从而能够满足农民群众日益增长的文化需求。

（一）健全公共服务体系

要统筹城乡公共文化设施布局、服务提供、队伍建设、资金保障，推动公共文化资源重点向乡村倾斜；按照有网络、有标准、有内容、有人才的原则，健全乡村公共文化服务体系；发挥县级公共文化机构辐射作用，推进基层综合性服务中心建设，实现乡村两级公共文化服务全覆盖，提升服务效能；鼓励社会力量投资或捐助公共文化设施设备，完善农村广播电视公共服务体系，探索农村电影放映的新方法、新模式；继续开展全国文化信息资源共享工程、国家数字图书馆推广计划、边疆万里数字文化长廊等公共数字文化工程，积极发挥新媒体的作用，使农民群众便捷地获取优质的数字文化资源。

（二）增加公共文化产品和服务供给

要深入推进文化惠民，为农村地区提供更多更好的公共文化产品和服务；改革公共文化产品和服务的配置模式，把握农村文化服务主体、服务对象、传播媒介变化的新情况、新特点，建立农民群众文化需求反馈机制，及时准确地了解和掌握群众文化需求，制定公共文化服务目录，以"互联网+"为基础开展"菜单式""订单式"服务，将传统的政府"端菜"变成让农民"点菜"；加强公共文化服务品牌建设，打造一批规模机动、场地流动、内容生动的文艺团体和节目，开展多样性、鲜活性、精准性、大众性的文化宣传，加快形成具有鲜明特色和社会影响力的农村公共文化供给端，以富有时代感的内容形式，吸引更多群众参与文化活动；以农村特殊群体为重点，面向农村实施文化帮扶项目，为农村留守妇女、儿童、老年人和返乡务工人员等提供适宜的文化产品和服务；支持"三农"题材文艺创作生产，鼓励文艺工作者推出可反映农民生产生活，尤其是与乡村振兴实践有关的优秀文艺作品，努力为美丽乡村、文明家园打造一个"留得住乡情、记得住乡愁"的"理想模样"。

（三）开展多种形式的群众文体活动

要完善群众文艺扶持机制，鼓励农村地区自办文化活动，支持成立各类群众文化团队，开展形式多样的宣传教育、科学普及和文化娱乐活动，充分发挥文化富民、育民、乐民的作用。要注重发挥乡土文化能人的示范引领作用，做好规划引导工作，这样才能更好地推进乡村文化工作，更好地推动地方文化的传承和发展。要通过对乡土文化的发掘与培育，建立一支多元化的乡村文化工作队伍，这支队伍应热爱乡村、了解乡村文化艺术、亲近农民。为了更好地推进"戏曲进乡村"计划，我们可以邀请各地的艺术表演团队走进乡村，为乡村人民献上各类艺术表演，丰富人们的文化生活。另外，要通过组织示范性展演等形式的活动，为农村文化队伍提供更多展示交流的平台。

第四节　建设乡村生态文明

生态文明建设就是面对资源约束趋紧、环境污染严重、生态系统退化的严峻形势，树立尊重自然、顺应自然、保护自然的生态文明理念，走可持续发展道路。其实质就是把可持续发展提升到绿色发展高度，为后人"乘凉"而"种树"，给后人留下更多的生态资产。

一、近年来我国生态文明建设取得的成效

生态文明建设不仅是中国特色社会主义事业总体布局的重要内容，还是事关民生、事关国家前途、事关"两个一百年"奋斗目标的大事。近几年来，党中央、国务院对生态文明建设给予了强烈关注，作出了很多重要的战略部署，以加快我国生态文明建设的进程。此外，我国坚持以节约优先、保护优先、自然恢复为主的方针，积极实施绿色发展、循环发展、低碳发展的措施，在空间格局、产业结构、生产方式和生活方式上设定实现节约资源和保护环境的目标，致力于从根本上解决我国的生态问题，进而为人们营造一个更好的环境氛围，维护世界生态安全。

全党全国坚定不移地推动生态文明建设，在实践中更加自觉地、积极地去落实。生态文明制度体系加快形成，主体功能区制度逐步健全，国家公园体制试点积极推进。全面节约资源得以有效推进，能源资源消耗强度大幅下降。重大生态保护和修复工程进展顺利，森林覆盖率持续提高。生态环境治理效果明显加强，环境状况得到改善。我国还引导应对气候变化的国际合作，是全球生态文明建设

的重要参与者、贡献者、引领者。为了实现"美丽中国"的目标，我国出台了新的政策，并在实践中取得了许多重大成果，从而推进了我国生态文明建设。

第一，不断加强高能耗企业的技改工作，使能源得到充分利用，大大降低污染物的排放量。第二，加大环境污染治理力度。在加强环境污染治理方面成绩明显。第三，大力发展高新技术，建设生态产业。大力推进高科技企业的发展，建立一系列生态工业园，在促进经济发展的同时，降低资源的使用量及污染的排放量，从而使经济发展和生态空间得到了较好的调和。为了减轻产业发展对资源的需求压力，以及减轻产业发展带来的不良生态冲击，许多地区加大对低碳科技创新和高科技项目的投入力度，以此促进高科技服务业、新能源开发与应用等产业的兴起。部分地区还将有代表性的低碳科技创新工程同传统产业融合，开发生态农业和生态旅游等，在促进当地经济发展的同时，也改善了生态环境。一些地区把技术创新和文化产业融合起来，强化低碳核心科技、关键技术和共性技术的发展和普及，促进低碳技术在文化方面的转换和运用，如低碳印刷、媒体影视、网络动漫等低碳设备，以便推动文化行业低碳科技的发展。第四，加速推进和健全我国生态文明制度。要想实现生态环境的治理，就必须依靠制度。将资源浪费、环境破坏和生态效益等指标加到经济社会发展的考核体系中，并制定可反映生态文明建设的目标体系、考评办法和奖惩制度。构建生态文明，要从制度上加大对生态环境的保障力度，要建立健全自然资源资产负债表，实施党政领导干部离任审计等措施。在此基础上，相关人员还提出了一种新的"生态环境损害赔偿"制度。我们要深刻理解加速推动生态文明建设的重大意义，增强尊重、顺应、保护自然的意识。

我们还要把绿水青山当成金山银山，利用全党和全社会的力量，踊跃开展生态文明工作，加速实现人与自然的协调发展，为构建社会主义生态文明的新局面打下坚实的基础。

二、未来我国生态文明建设的主要任务

生态文明建设是我国的伟大事业。要牢固树立和践行绿水青山就是金山银山的理念，坚持节约资源和保护环境基本国策，坚持山水林田湖草沙一体化保护和系统治理，真正贯彻执行最完善的生态环境保护制度，打造生活富裕、生态良好

的环境，加快美丽中国的建设步伐，让我们的生活更美好，为维护世界生态安全作出更大的努力。值得注意的是，我们建设的现代化是人与自然和谐共生的现代化，不仅要为人们不断提升的生活需求创造更多的物质和精神财富，还要为人们不断提升的生态需求提供更高质量的生态物品，以满足人们对美丽生态环境的要求，最终构成节约资源和保护环境的生态布局，让自然得以协调、美丽发展。

（一）推进绿色发展

要推进我国生态文明建设，需要建立以市场化为主导的绿色科技创新制度，大力发展绿色金融，促进节能环保、清洁生产和清洁能源产业的发展；推动我国能源与消耗的变革，建设清洁低碳、节能高效的新一轮能源系统；推动资源综合回收与再循环利用，举办全国节水活动，减少能源浪费和物质浪费，实现生产与生活体系的良性互动；提倡简单环保、绿色低碳的生活模式，深入探究且开展绿色机关、绿色家庭、绿色学校、绿色社区、绿色旅行等活动。

（二）着力解决突出环境问题

要坚持综合治理，从源头上治理，继续深入开展环境保护和治理工作，坚决维护好"蓝天"；加强对水体的污染控制，以及加强对流域生态、沿海地区的综合整治；加大对农业面源污染的管控与治理力度，强化固废处理；完善环境信用评估、信息公开和处罚等机制，建立政府、企业、社会、大众共同参与的政府管理体制。我们要主动参加国际环保组织行动，履行减排义务。

（三）加大生态系统保护力度

要通过开展重点生态保护与重点修复项目，来完善我国生态系统体系，建立健全生态走廊及生物多样性保护网；做好"三条红线"工作，即生态保护红线、永久基本农田、城镇开发边界；实施国土建设工程，加快对沙漠化、土壤侵蚀等的大力治理，重点保护与修复湿地，做好地质灾害预防工作；加强天然森林资源的管理；加强农田生态补偿，加大轮牧和休耕力度，完善农田、草地、林地、河湖等生态恢复体系，构建市场化和多样化的生态系统保护体系。

（四）改革生态环境监管体制

要强化生态文明建设的整体规划和管理，建立国有自然资源资产和自然生态监察体制，健全国家生态环境治理体系，实现对全国范围内自然资源的有效利用及对各种污染物的有效监管，并承担保护土地及生态的责任。在此基础上，要提出加强我国生态环境建设的对策建议，制定国土开发保护制度，严厉抵制损害生态环境的行为。

三、农村生态文明建设

生态文明要求人类在处理人与自然、个人与社会的关系方面达到一个更高的文明程度。要坚持农业农村优先发展，按照"产业兴旺、生态宜居、乡风文明、治理有效、生活富裕"的总要求实施乡村振兴战略，这对农村生态文明建设赋予新的要求。

（一）农村生态文明建设概述

1. 农村生态文明

按照"产业兴旺、生态宜居、乡风文明、治理有效、生活富裕"的总要求，实施乡村振兴战略要稳步向前发展，走综合、可持续发展的道路，以中国特色社会主义的整体规划为指导，统筹推动经济、政治、文化、社会、生态文明等方面的发展，推进我国现代化建设各个程序和各个层次的有机统一，推动生产关系同生产力、上层建筑同经济基础的和谐发展。要走出一条生活富裕、生态良好的发展之路，实现建设资源节约型、环境友好型社会的目标，让生态环境与经济发展相协调，让人们生活在一个良好的生态环境中，推动经济及社会的不断进步；综合实施经济、政治、文化、社会、生态文明五位一体总体布局措施，推动现代化建设各个领域的和谐发展，坚持"绿水青山就是金山银山""节约与环保"的理念。

必须把解决好"三农"问题作为全党工作的重中之重，坚持农业农村优先发展，根据产业兴旺、生态宜居、乡风文明、治理有效、生活富裕的总要求，构建城乡一体化发展制度，加速推动农业农村现代化的发展。

作为农业大国，农村生态文明建设对我国生态文明建设具有重要意义，要重视并加强农村生态文明建设。生态文明内涵十分丰富，主要表现在：生态发展意识的增强，生态运行机制的健全与完善，生态空间的协调以及经济、社会、生态的共同发展。乡村生态文明指的是乡村与自然环境之间的联系，良好的生态环境可以推动乡村的发展。我们在农业生产中要尽可能地推进协调、健康、可持续的农业发展态势形成。

2. 农村生态文明建设的内容

要建设农村生态文明，就要转变社会生产方式、生活方式，尤其是人们的思想理念，并建设一个能够让经济社会与资源环境相联系的可持续发展机制，从而打造一个经济与环境相协调、人与自然相协调的农村。其主要内容如下。

第一，要强化农民自治组织，推动小农合作，扩大经营规模，增强风险承受能力；通过对企业的培训，增强企业的整体实力及市场竞争优势；大力支持生态农业，如为种植和加工生态农业的企业提供财政补贴，并补贴生态农业基地的认定成本等；加大对"绿色"产品的推广力度，使"绿色"产品受到广大用户的认可，从而增加企业的经济收益。

第二，要通过深入实践调研，探索出一种既符合农村要求又满足农户需求的生态文明建设方式。要避免思维固化，或者干脆采用城镇的环保技术来改善农村的环境等。要充分倾听农户的想法。

第三，要有序构建农村生态环保的长效机制。要加强对农村生态环境保护、科技支撑体系、生态教育等的投资，改变过去的补助模式。国家应该把资金补贴的重心从管理环境转变为扶持应用农家肥的小农户，提倡循环种植，以此来恢复农产品生产的外部激励机制，充分利用有机小农户的低成本和生态优势。

第四，要从弥补现有法律漏洞入手，构建完善的农村环保监督体系。要对各个环节进行职责划分，促使各个环节之间相互协作，共同推动环境保护工作的开展。与此同时，要将农村环境治理工作纳入领导干部的政绩考核和晋升任用中，使它在政绩考核、干部任用中起到一个很好的杠杆作用和引导作用，以此激励干部，从而使地方领导的观念发生变化。

3. 实施乡村振兴战略是农村生态文明建设的主要内容

新时代党对农村建设提出了新的要求，指出了农村既要推进物质文明、精神文明、政治文明建设，又要加强生态文明建设。

在实施乡村振兴战略的背景下，要加强农村生态文明建设。首先，必须以生态文明的思想来统筹推进农村建设，将人与自然的关系融入经济社会发展，以资源承载力和生态承载力为基础，促进经济与资源、环境的相互协调；其次，要构建"资源节约型、环境友好型"的生产方式、生活方式和消费模式，使"生态文明"理念真正融入农村企业、家庭和个人；最后，要构建一个优良的乡村居民生活环境，提高农村与农业的发展水平，促进农业生产方式的转型，完善农业构造，确保农业生产的质量与产量，为中国特色农业发展与城乡经济社会的协调发展提供科学依据。

（二）加强农村生态文明建设的意义

当前，我国的经济已经从重视速度转变为重视质量，现在正是改变发展方式、完善经济模式、转变增长动力的关键时期，我们要在持续发展的同时，努力改变不平衡、不充分的发展现状，提高发展的品质和效率，以此更好地满足人民对经济、文化、生态等不断增长的需求，更好地促进人的发展和社会的发展。加强农村生态文明建设，对于为人民创造良好生产生活环境、建设美丽中国、全面建设社会主义现代化国家具有重大现实意义和深远历史意义。

1. 为改善和保障民生、维护农民环境权益提供了实现途径

近年来，随着工业化和城市化进程的加快，城市与工业的污染逐渐扩散到了乡村，但是城乡的二元结构使有限的绿色环保资源大多集中在了城市和工业领域，因此造就了环境保护和治理上的城乡二元体系。目前，农业发展模式仍比较落后、土地数量急剧下降，人口、资源和环境约束趋紧，极端天气也越来越频繁，这些因素导致很多农村出现生活污染、水源污染、土地沙化、生态功能减弱等问题。我国大部分农户的生态利益遭到了侵犯，这与我国"以人为本"思想，以及"实现农村社会保障均衡发展"的理念相违背。加强农村生态文明建设，有助于保障农户的环境权益，以统筹城乡思想来改善农村环境治理及发展落后的现状，将土地资源与城乡发展相结合，对耕地、村庄、生态等进行优化配置，为促进城乡经济与社会发展探索出一条新的路径。

2. 为破解凸显的食品安全问题找到了出路

农村生态文明建设，对农村、城镇乃至整个社会的发展都具有重要意义。如果不能维护好农村的生态环境，受害的将不仅是农户，而是整个社会。要彻底从根源上解决越来越突出的食品安全问题，需要加强农村生态文明建设，改变以往的农业生产方式，构建"资源节约型、环境友好型"的农业系统，加大农村的生

态环境保护力度，突出节地、节水、节肥、节能等特色，提高资源的使用效能，坚持"清洁田园"，保障城乡人民"菜篮子""米袋子""水缸子"的质量，确保城乡人民的饮水干净、空气清新、食物卫生。

3. 为实现农业可持续发展创造了条件

加快推进农业农村现代化，就必须发展节约型农业、循环农业和生态农业，加大对农村生态环境的保护力度。要在增加天然林保护项目的同时，加强对退耕还林、还草等工作的落实，以及加大对水土的保护力度，推进关键流域和地区的水土综合治理，加速荒漠化管治，建立自然保护区，多途径筹措林业、草原等生态利益的补偿基金；推动农林业副产物及废弃物的循环利用，大力发展农业能源节约技术，加强农村工业和生活污染的治理。为此，我们必须贯彻"经济生态化，生态经济化"的思路，加强农村生态文明建设，促进农业可持续发展，推动人与自然协调相处。

（三）农村生态文明建设存在的主要问题

1. 对农村生态发展问题的总体战略性定位缺失

中华人民共和国成立后，在工业化进程中，农村给予了城镇与工业丰富的物质基础，同时，我国社会呈现出了一种"城乡二元"的格局。改革开放以来，农村经济社会整体得到快速发展，但随着工业化、市场化进程的推进，我国农村资源过度开采、农药化肥使用过量，以及城镇污水流入农村等问题日益严重。

农村具有与城镇不同的生态体系与职能导向。农业的天然性质及农村的散居方式，使得农村不适合应用城市的治理方法。一味照搬工业化发展，野蛮推进城镇化，就会让乡村既破坏了原有的生产、生活方式，又未形成新的生产、生活形态，反倒会使不稳固因子在乡村蔓延。而在统筹城乡的发展过程中，市场与公共服务制度的落后，使"同物不同价""同类不同办"的现象越来越严重。无序的小城镇建设，导致大片的农田被侵占，生活垃圾的污染也飞速向农村扩散，与此相关的环保设施和人员不足，城乡的生态环境急剧退化。所以，盲目地进行经济整合，仅仅依靠产业聚集，是无法从根源上解决农村环境问题的。这一现象的出现，一是由于积累已久的经济和社会问题突然爆发；二是由于城乡、工农、市民与村民等在整体发展规划和制度规划上存在利益纠纷问题，从而使农村资源、生态环境及社会发展等方面显得十分薄弱。

2.农业生产模式制约与基础设施建设及科技支撑投入不足

首先,小农生产模式是中国农业污染的一个重要原因。当前我国农村生产模式中"小农户"数量较多、分布较散、生产规模较小,不仅严重破坏了当地的生态环境,也严重阻碍了其健康发展。经过市场化改革,我国农民家庭经营行为日益独立。然而,我国农民缺少技术教导和法律意识,极大地削弱了其在环境保护中的约束力。这是导致中国农业污染十分严重的一个重要因素。为了在有限的资源条件下用最少的生产费用产出最大的效益,小农户往往通过最大程度地利用化肥、农药替代有机化肥、生物防治等来增加单产和抗病虫害能力。此外,我国农业科技推广体系不健全,法律法规不完善,导致化肥的使用不科学,利用率低、用量大。另外,非生物降解塑料薄膜的大量应用,使我国农田土壤结构遭到了更大程度的破坏。因此,我国农村出现了农产品品质下降、土壤肥力下降、农业水源受损等一系列问题。

其次,由于对农村公共事业的投资力度不够,我国农村地区出现了环境污染问题。城市地区交通、能源、供水、教育、医疗卫生等公共服务领域的投入大多是由中央财政承担的,而在人口众多的农村地区,其投资力度相对较小。此外,加之各地区的财政支持力度不够,相应财政投入更加紧张和低效。当前,我国许多城市已建立了生活垃圾处理系统和污水排放网络,但在我国大部分的农村地区,公共健康服务设施严重不足,环境卫生仍处在不受监管或不受控制的状态。目前,我国农村生产生活污水排放总量及类型呈快速增加趋势,基础建设滞后与不断增大的环境承载力之间的矛盾日趋尖锐。

最后,针对农村区域的生态经济发展,科技支撑投入不足。农村区域生态经济的科技支持系统,可在农业生产、废物处置等领域提供技术支持和服务。农业可持续发展是实现人与环境协调发展的关键。然而,目前适合我国农村的农业科技支持系统还不太完善,相应的科技服务供给还远远达不到农户的要求。在农业生产科技的研发过程中,研究人员的研究取向脱离了农户的现实需要,或者未将农户的可接受性纳入考量范畴,这使研究结果很难被推广,从而制约了农产品的科技发展。在科技普及方面,由于缺少适合小农户分散模式的管理技术,加之政府的投资力度不够,基层科技工作者到乡村的动力较弱,因此乡村科技服务系统的供给存在巨大的短缺。在我国农村生活垃圾处置方面,相关部门缺乏优惠政策、资金投入及足够的重视，这就导致我国乡村环境保护与适宜科技的研发与普及面较窄。当前，我国农村生活垃圾资源应用、秸秆应用、畜禽粪便应用和改善污染土壤等方面缺少相关技术，特别是缺乏应用费用低且实践维修简便的生活污水处理技术。

3. 农村环保法治体系建设滞后

从整体上讲，农村环保法治体系建设离我国生态文明建设的要求仍存在着较大差距。

第一，我国生态安全法律体系存在总量落后、质量落后等问题。从总量上看，目前我国立法、规章很少涉及农村生态文明的问题，仅有一些有关政策。从质量上看，我国农村生态文明建设方面的指导性法律、法规还很缺乏，而且有"碎片化"的现象。例如，农业法和农村经济行政规章很多，但真正能体现生态文明思想和市场经济需求的立法很少，有关农产品绿色流通、居民生活环境保护、农民权益保护方面的法律法规同样很缺乏。有关生态文明的法律制度更新相对落后，已很难适应我国经济社会发展的要求。

第二，由于各种主观和客观原因的制约，我国环境保护执法队伍还存在薄弱环节。由于我国幅员辽阔，生产、居住的地区分布较广，相关人员在司法实践中，取证和识别的难度较大；基层行政管理机构的设施与装备相对落后，行政主体人数较少，依法行政意识较差，素质较低，从而制约了行政管理的质量与效能；由于法律的缺失，执法者在执法过程中存在很大的弹性，也存在很大的自由裁量权，这就导致法律的随意实施，相关部门对有问题的企业的处罚力度、执法力度不够，有些地区还会出现违法执法的情况，这都会影响法律的权威和实效。

4. 农村资源环境管理机制体制不健全

在我国城乡居民收入水平不断提升的背景下，提高农民收入已成为农村发展的首要任务，如何处理以生态为代价换取短暂的经济增长是我国农村社会亟须解决的问题。然而，受我国城镇化过程中能源密集型、高效益的发展模式的影响，很多农民对环境问题的认识仍停留在"不自觉"的阶段，在这种情况下，仅靠良好的生态文明前景来规范村民行为还远远不够，必须有一套行之有效的治理体制。与城市环境治理成果相比，农村环境治理成效不显著，这主要是由于目前农村资源与环境管理制度不能满足现实环境治理需求，相关计划、管制体系还不能适应我国农村生态文明建设的要求。

第一，管理体系不健全。从全国范围看，虽然环保、林业、农业等职能部门都在大力推动农村的生态文明建设，但是没有一个全面的决策管理组织，这就导致各种生态文明建设的政策没有得到统筹的安排。而在我国地方，尤其是一些比较落后的地方，生态文明建设的职能没有得到明确的界定，同时也存在监督力度薄弱等情况。例如，省级、市级、县级都设有专门的环境保护机构，但乡镇没有设置专门的环境保护机构，而且相关设施落后，相关人员不能很好地履行监督职能。

第二，组织执行机构不集中。在农村环境整治方面，国家发展和改革委员会对农村基础设施建设的扶持力度、对农村社会事业的扶持力度不断加大；农业部门实施包括测土配方施肥、户用沼气和农业综合开发等工程；水利部门负责实施"人畜饮水"工程；卫生部门推动实施农村饮水和厕所改造工程等。因为所有工程都按各自的职能集中统一进行，所以它们在管理上存在各单位"齐抓共管"的局面。这种方式的优点在于能够充分利用不同行业的资源，促进乡村振兴以及生态文明建设，但这种方式也存在着多次建设、多次投入、缺乏激励机制等问题。

第三，缺少长期的投资机制。农村生态文明建设，除了要大力推进农业产业结构调整，还要加强农村基础设施等方面的建设，保证资金充足，以大力整治农村生态环境。当前，由于农村基层财政紧张，农村居民收入偏低，难以指望农户把"生计资本"投资到生态环境治理中，单纯依靠基层、农村居民自助发展显然是不够的。

5.农村居民生态环境保护意识淡薄

中华人民共和国成立后，我国一直坚持以工业化、城镇化、农业现代化为主的发展方针；直到20世纪70年代，生态环境保护才开始摆上国家重要议事日程；在20世纪80年代，保护环境被确定为我国的一项基本国策；进入20世纪90年代，可持续发展战略正式启动；到21世纪，我国生态文明建设正式启动。然而，从理论上看，人们的理念、价值取向等方面还没有发生根本性的转变，这与预期目标还有很大的差距。

第一，在经济发展比较落后的西部，有的地方还存在政绩观上的偏差，相关人员把 GDP 增长、财税收入等作为重点，一味追求增长，不顾生态环境。

第二，在农村，因为人口文化素质不高和经济发展较弱，普通农村居民，甚至是一些基层领导都没有很好的环保观念，他们对生态文明的认知也很薄弱，对生态环境的损害和可能带来的危险知之甚少。例如，生活垃圾随便丢弃和处理、生活污水随意排入渠道，会引起土壤和地下水的二次破坏。部分地区乱砍滥伐、毁林毁草开荒等现象屡禁不止等。

第三，农村居民对自身在生态环境建设中的主体位置缺乏清晰的认识，存在强烈的从众心理，缺少主体意识和自主性。特别是小农经济的生产模式，导致很多农村居民过于分散、缺少凝聚力、缺少集体精神，由此引发了一系列的生态破坏问题。例如，为求高产，施用化肥、杀虫剂等，造成土壤失衡；塑料薄膜过度施用，造成残留，导致土壤失去自身调节的功能；在收割时节，有些地方的农村居民无视地方政府颁布的禁烧秸秆等政策，为了避免麻烦，在没有人看管的情况下，大规模燃烧秸秆，这给当地空气和农田带来了很大的危害。

（四）农村生态文明建设的方向

基于中国农村的现实处境，我国农村的生态文明发展应着力解决环境问题，加大生态环境保护力度、改革生态环境监管体制、推动绿色发展，走效益型的发展道路，把绿色产业作为农村经济的发展方向。

1. 发展理念方面

新时代抓发展，必须更加突出发展理念，坚定不移贯彻创新、协调、绿色、开放、共享的新发展理念。绿色发展作为新发展理念的重要部分，其以人与自然的和谐共生为价值取向，以绿色低碳循环为主要原则，以生态文明建设为基本抓手，最终实现经济社会发展和生态环境保护的协调统一。

可以说，绿色化是实现生态文明的重要途径。为此，我们要将绿色化作为农村生态文明建设的主要手段，以推进绿色产业和绿色经济作为主要发展方向，通过对一系列绿色关键技术的创新突破，大力宣传绿色科技，以此来促进生态农业的发展，全面构筑现代绿色农业产业发展的新体系。

当前城乡之间"重经济轻环境，重速度轻效益，重局部轻整体，重当前轻长远，重利益轻民生"的现象依然很突出，为此，我们必须在各级领导和人民群众中进行新发展理念和习近平生态文明思想的宣传，特别是要将生态道德融入社会运作的规则中，深刻改变农村中存在的种种陈旧不良的习俗、惯例。

2. 资源循环利用方面

农业废弃物资源化利用对我国农村生态文明建设具有重大意义。要重点关注畜禽粪便、病死畜禽、农作物秸秆、废旧农膜和废弃农药包装物五大类废物，坚持就地消除、能量循环，应用政府扶持、各方参与、有序执行的方法，大力坚持县乡村企有效联动、建管运作相融合，积极探讨建立一种行之有效的农业废弃物回收利用模式。在此基础上，各地要抓可借鉴、可持续发展的典型，为全国广大农村地区的发展提供经验。

大量农用废物没有得到有效的回收和无害化处置，且被大量堆放和焚烧，这对城市和农村的生态环境产生了很大的消极影响。采取秸秆还田、生物质发电、发展沼气等措施，将这些废弃物转化成有机肥和生物质资源，可以达到废弃物的减量化、无害化和资源化的目的。要促进有机肥的施用，并逐渐降低肥料的使用次数；在农业生产中推广应用生物技术，降低农药的使用率；提倡废物循环使用，减少对环境的污染。在这一点上，我国已经有了许多成熟的策略，值得我们加以归纳和大力宣传。

3. 科技创新与应用方面

（1）在有机肥制造与利用上取得了重大进展。在今后的发展过程中，肥料的使用仍是必不可少的，但其比例应逐步降低。研究人员聚焦我国秸秆、绿肥、畜禽粪等有机物的转换与应用，并开展相关研究，力争在相关技术与装备方面取得有效成果。

（2）在育种上取得了突破性的进展。通过对当地特色植物的保护，加大了对其野生种质的栽培力度，并选育出高产、耐旱、适应性强、质量好的新品种。

（3）新化肥的研制。根据不同的农作物和种植方式，有针对性地开发了多种新的肥料，如叶面肥、微量元素肥、氨基酸肥、缓控释肥等，以达到提高产量和减少环境污染的目的。

（4）在生物农药研发上取得了重大进展。在我国，因化学农药的广泛应用，传统土农药的用量正逐步下降。事实上，现代科技研制的生物农药不仅灭虫功效好，还没有其他药害。

（5）在环境治理技术方面取得了重大进展。为了从根本上解决环境污染问题，目前相关领域已研发出很多污染修复技术，如植物修复和微生物修复，以及物理、化学和生物工程等复合修复。这些技术在一些地区已经得到了试验，并取得了良好效果，但尚无一种方法能有效地处理各类环境污染。

随着改革开放的深入，我国经济社会的各项工作都取得了长足的进步。与此形成鲜明对比的是，城市发展速度大于农村、工业发展速度大于农业，农村农业的发展相对落后。党中央适时地作出了工业反哺农业、城市带动乡村、促进城乡一体化的重大战略决定。在整体上，要把"扶农强农"作为一个重要支撑，把"石油农业"转向"生态农业"，尤其要加强农业废物的有效利用，发展循环农业和绿色有机农业，并加强对面源污染的控制。特别是在业绩考核上，要满足生态现代农业农村的需求，改变纯粹以经济指标为主、忽略生态环境与社会民生指标的考评规则和方式，增大经济发展、生态环境、社会协调、民生改善等指标的比重，让政绩考核能够带领、引导、保证农业农村的发展。

四、乡村振兴战略背景下农村生态文明建设路径

实施乡村振兴战略，就是要坚持农业农村优先发展，按照产业兴旺、生态宜居、乡风文明、治理有效、生活富裕的总要求，建立健全城乡融合发展体制机制和政策体系，加快推进农业农村现代化。农村生态文明建设是国家生态文明建设的一个重要组成部分。城市及其他领域的生态文明建设者应从大局出发，遵守农村发展规则，本着公平正义的准则，把习近平生态文明思想纳进农村政治、经济、文化和社会制度的构建与完善中，促进农业全面升级、农村全面进步、农民全面发展，以此达到城乡协调进步的目的。

（一）统筹规划农村生态文明建设

顶层设计指的是政府站在全国全局发展的角度，根据农村生态文明建设的目的，对农村今后发展作出的设想和设计。

1. 立足总体战略，确立农村生态文明建设目标

要按照产业兴旺、生态宜居、乡风文明、治理有效、生活富裕的总要求，建立健全城乡融合发展体制机制和政策体系，加快推进农业农村现代化建设。因此，农村生态文明建设也必须按照这一指导思想，确立正确的建设目标，保证经济、

社会、自然与人的协调发展。坚持生态文明发展理念，实现农业农村现代化，要求我们实现经济社会的生态化和生态环境的人文化。建设生态文明的最大目的就是经济社会生态化和生态环境人文化，经济社会生态化可促进现行产业构造、技术、组织、消费和社会向低碳、环保方向发展，这是一种适应性转变。而生态环境人文化与农村产业及职能定位相契合。农村生态文明建设要充分发挥绿色农业的优势及全球生态壁垒的作用，根据生态环境的特点，与自然紧密结合在一起，以此来获得大自然的生态发展效益。

2. 注重生态公平，促进农村生态文明建设可持续发展

生态公平是构建和谐社会的基本理念，也是构建和谐社会的必然要求。从本质上讲，生态公平是指人类对自然资源的利用和保护有共同的义务。生态环境的发展与生态环境的效益应是平等的，生态系统中受益最大的应该承担更多的生态环境责任。在人们的实践过程中，因实践途径与效率存在差异，人们会对自然界造成不同程度的冲击，因此基于各种实践行动的差异与有效性建立生态补偿制度，是建立生态公平的基本工作。为此，要强化农村生态文明建设，必须建立一套生态公平产业与区域经济补偿制度。农村生态文明的构建，既要缩小农村公共服务之间的差距，提升农村居民的生活品质，让乡村共享城镇化发展的有利结果，还要防止城乡出现"二元化"现象，在统筹城乡资源发展和环保问题上做到一视同仁。要根据我国农业和农村的特征和发展原则，将经济、政治、社会、技术和文化等现代化要素融入农村生态文明建设中，建立健全制度和法律体系，以此促进农村经济和生态的可持续发展。

3. 科学决策和规划，保证农村生态文明建设的科学化

随着当今世界的快速发展，绿色技术和绿色工业的不断涌现，生态环境日益成为一个国家可持续发展的限制因子，也不可避免地成为一个国家综合国力和生产力发展水平的主要指标。千百年以来，人们对改造和战胜自然的能力太过重视，而往往忽视自然的生产力。因此，我们应从农村的实际出发，结合我国的实际情况，对农村资源、环境与发展进行科学规划，以消除盲目性、随意性。一是要设定"生态底线"，尽早制定一套规范、合理的"国土空间"规划体系，确定城乡之间"统一"的关系；建立合理的社会结构及社会保障体系；统筹城乡发展的总体布局，推进城市化发展。在此基础上，各级政府要结合本地乡村的"硬实力"，

对种植养殖区、乡村工业区和农民居住区进行科学规划，以促进乡村资源的高效利用。二是要健全生态规划体系，健全我国生态环境政策，引导区域特色发展，促进区域生态发展，并对其进行监管，适时将执行内容转化为法律、法规，以确保法律、法规的持续性和效力。各地可以根据当地农村特色发展优势产业，打造地域性生态产品及品牌。三是要构建科学的政府决策评估体系，树立正向的发展理念、政绩理念，并在此基础上强化公民保护生态意识，并对一些重要事项进行集体决定，还要构建一套完善的咨询专家意见、公开征求意见的机制。

（二）推进农村法治建设

农村生态文明建设离不开有效的保护监管和长期治理，构建保护监管和治理体系是农村生态文明建设的重要保证。这就需要我们推进农村法治建设，完善农村生态环境保护监管和治理体系。

1. 建立完整的农村生态文明建设相关法律、法规体系

根据平等、公平的原则，国家制定了一系列自然资源保护相关法律、法规，对《中华人民共和国环境保护法》进行了完善，对农村、城镇、农村资源所有权及环保体系进行了清晰的定义，并将《中华人民共和国农业法》等有关防止农业生态损害的法律纳入其中。各有关部门要对涉及农村发展的各种方针、法规进行整理，去除不适合我国生态文明和农村生态文明建设的内容，建立统一的农村生态文明制度，指导生态农业的发展，加大对资源环境的保护力度，大力宣传生态教育。在制定各种政策、战略和办法时，有关部门还要把环境保护观念纳入其中。保护好农村的生态环境，有助于农村经济快速、健康、可持续地发展。

2. 建立高效能的行政执法和监督机制

强化执法队伍是提升执法水平的前提，我们应根据农村居民的特点，配置流动或固定的管理、公务组织及工作人员，强化基层执法的基础设施装备；完善法律、法规，增强法律的权威性；完善农村生态环保监督体系，拓宽监督领域，增加监督次数，加强监督工作，使不规范现象在萌芽时期就得到遏制。在此基础上，要建立健全执法监管制度。公众监督、行政监督、司法监督是我国构建生态文明的三大监督方式。农村生态文明建设要求以严厉的司法手段来构成生态法治的强有力的社会震慑力量，以此来促进司法的公平公正。

3.完善农村生态文明建设治理体系

围绕党中央提出的"进一步健全党委领导、政府负责、民主协商、社会协同、公众参与、法治保障、科技支撑的社会治理体系",相关部门提出了完善农村生态文明建设治理体系的对策和建议。

一是要健全行政管理制度。根据生态文明理念,行政机关要以"公益卫士"的角色,为农民群众提供方便的公益咨询服务,并在法律上对此服务进行监管和执行。要在全国范围内明确责任分工,构建农村生态文明建设协调制度,统筹推进不同领域的生态投入,强化"齐抓共管"的协同效应;建立县、乡镇、村和村小组四个层次的环境保护工作体系及工作队伍,以促进农村与生态环境的发展。

二是要加强对资源、环境的治理与保护,建立一种"双向"的执行机制。在较为保守、闭塞的农村,要通过"自下而上"的资源与环境治理体系,推广科学的发展观念与现代化的治理手段,以达到控制生态损害的目的;在此基础上,要建立以村民为主体的基层治理体系,充分利用市场机制对其进行有效的引导。

三是要构建长期的生态投资体系。对于农村生态文明建设,关键是要建立健全一种以政府为主导、以全社会为主体的长期投资机制。加强对农村生态环境的投资,既是构建生态文明的需要,又是统筹城乡发展的必然要求。所以,要建立一个合理的资金投入准则,采用国家财政投入、省级财政补贴、地方配套和农户自筹等方法,同时还需要引入社会及其他组织进行融资和投资,通过直观的资本投入机制、间接的生态技术扶持等方法,来寻求农村生态文明建设途径。

(三)形成农村生态文明建设参与制度

1.加大农村环境保护基础设施建设

农村生态文明建设的重点是加强农村环境保护基础设施的建设,要加强对农村环境保护的投入,建立健全农村社会公众参与体系。第一,要继续增加对农村环保的投资,并强化监督管理,使财政能够更好地为农村环境保护事业服务;第二,要开辟筹资途径,吸引更多的民间资本参与到农村环保事业中,特别是要吸引地方工厂和企业的资金;第三,当地政府应该为农村环保基础设施的建设提供一些有利的战略与举措,并针对在生产和生活中积极建设污水处理、废气处理、垃圾回收处理等基本设施的农村集体、农村厂矿企业等制定适当的补贴或优惠政策。

2. 推广农业新科技、发展生态农业

想要推动农村生态文明建设，就需要发展农业新科技。第一，农业科学技术部门要根据当地农户的需要，积极将新农业技术应用到农村去，并开展长期的农业科技服务工作，把农业科技送到农村，使农户获得先进的农业技术，以及更好地使用化肥、农药，提升农田灌溉率；第二，要引导农户了解生态农业，通过技术专家的讲解与实地测试，使"生态农业"得到农户的认同，根本性地推动农村的生态文明建设。

3. 加强农村生态文明建设教育

从人文视角分析，"乡村"是"农耕"的结果，工业化、集中化、高消费的发展模式与乡村发展的逻辑并不一致。要想保持乡村优美的自然面貌与整体的生态机能，就必须建立健全乡村生态科技与科普教育体系。要开展生态价值观教育、组织生态社会责任观教育及农村居民生态健康观教育，以此来促进政府人员树立正向的政绩观念，培养村民及企业对生态环境的热爱。在此基础上，应注重吸取中国的传统文化精华，在乡土社会中寻找恰当的社会秩序，以及寻找善意习俗与生态文明观念之间的联系点，从而培育出新的乡土"公序良俗"。

4. 提升农民生态文明意识

在农村生态文明建设中，农村居民是不可或缺的主体。加强农村居民的生态文明观念，对促进农村生态文明建设具有重大意义。第一，乡村干部要走到广大人民中，开展环保宣传教育；第二，要利用电视广播、墙报、文艺表演等形式，加大对环保的推广力度；第三，要运用新媒体开展多种形式的宣传，通过手机和电脑在网络平台上设计微知识、微动漫等来传播生态文明知识，从而逐渐提高人们的环保理念；第四，要对农村居民进行生态文明教育，健全村委会机制，让农村居民社团等团体能够在当地生态文明建设中发挥作用，为农村居民开辟更多的参与途径；第五，通过建立村规、邀请义务监管员等手段，推广符合生态文明建设要求的生产和生活方式，强化监管，促进农村生态文明的持续发展。

（四）保护生态本底环境

1. 强化生态资源保护

良好生态环境是最公平的公共产品，是最普惠的民生福祉，是农村最珍贵的资源和最大的优势。我们要通过构建全国生态文明建设示范城市、县、区，来建立生产、生活、生态和谐共生的美丽农村；坚守生态保护红线，为环境保护、安全生产和产业策略实施设置严格的界限，严格遵守生态环境保护底线，建立"绿色通道"。

2. 着力整治农村生产环境突出问题

要充分考虑资源环境承载力，深入开展绿色生态农业行动，有效保护、科学利用自然资源，转变农业生产方式，努力形成可持续的农业发展新格局；推进农业投入品减量增效，建立健全投入品追溯体系；开展化肥农药零增长行动。

3. 改善农村人居环境

要推进农村污水和黑臭水体的整治，并在各地建立相应的污水治理设施；完善农村固体废物收集和处理系统，推动源头分类和资源化利用，并完善农村生活设施的管理和监督制度；大力促进农村人居环境的整治，实施"美丽宜居乡村""美丽家园"的范例建设；鼓励各地以精品村、特色村为抓手，深化实施"一村一风貌""微改造"等乡村风貌提升工程，融入区域特色建筑元素，积极参与国家、省、市美丽乡村评比，并将评比结果纳入县政府和镇政府绩效考核指标体系，强化建设主体的责任意识。

4. 推进健康乡村建设

要加强村级卫生室的规范化建设，增强村级医疗卫生机构的培训，促进村医转为执业（助理）医师，并通过市级、县级医务人员下乡、巡诊等方式，来促进基层医疗机构的发展；增强县级医院的综合实力，扶持一批县级中心医院；继续完善县级预防控制中心，强化县、乡、村预防控制中心工作的联系，发挥基层预防控制中心在重大突发和紧急公共卫生事件中的作用，并推进紧密型医联体的发展；做好妇幼、老人和残疾人等重点群体的卫生工作；建立健全城乡统筹的医保体系，适当增加国家补贴、提高个人缴费标准，完善医疗保障及救助体系。

第五节　乡村治理基层组织

在工业化、城镇化及市场经济改革的纵深推进中，我国乡村社会结构在"建构—解构—重构"中深度裂变，这导致当前我国乡村治理面临较大困境。这些困境的形成原因也是多方面的，我们要对其加以综合考虑。

第四章　乡村振兴战略实施的具体路径

一、乡村治理的实施路径

针对乡村治理面临的困境，笔者提出如下实施乡村治理的路径：重塑乡村共同体，提高乡村自身吸引力，引导人才回流；调整中央—地方财权与事权，完善乡镇财税体制；构建多元主体共治格局，积极发挥合力作用；加强干部队伍建设，发挥领导班子核心作用；创新乡村治理理念，形成"三治结合"的乡村治理体系；完善乡村治理体制机制，畅通群众参与治理渠道；加快城乡一体化发展进程，夯实治理现代化的经济基础；提升农民自身"造血"能力，进一步打通资源与农民之间的直接通道。

（一）重塑乡村共同体，提高乡村自身吸引力，引导人才回流

长期以来，我国乡村地区的建设注重"向城市化"的单向发展思想，这样的思维方式导致乡村"空心化"现象加重。未来乡村发展与复兴，需要对乡村自身的文化与吸引力进行更多的关注，并引导乡村居民回流至农村。要加强乡村特色产业的发展，鼓励有资质、有实力的绿色环保大型企业落户乡村，加强对此类企业的政策和财政支持，并积极发展乡村品牌，使农民的个人效益与乡村发展策略相结合。在此基础上，还要加强传统文化的普及，并且深入探究村庄的特色，唯有从发展策略与传统文化入手，提升农民对家乡的认可度，让他们从自己的村庄发展中获取收益，找回乡感，恢复乡风，重建农村社区，让乡村自治从而恢复生机，才能实现促进乡村发展的目标。

（二）调整中央—地方财权与事权，完善乡镇财税体制

以往中央与地方关系的调整方案是把财权下放，这个调整思想更应该转向事权上移。要想财权与事权之间协调发展，最重要的就是有充足的财力来解决人民的问题，所以在下一步中央—地方财权与事权调整的进程中，相关人员应该根据农村治理的实际情况进行全面、深入的调查，把部分事权和支出责任上移，把有些乡镇不能处理的农村公共发展问题转移到县级政府。与此相对应的是，在面临乡镇政府大都存在的税收负担问题时，上级部门应该制定详细又可实施的规定措施，对农村建设中的财政职责进行再分配，逐步使其处在一个较为平衡的区间内，从而使国家与地方之间的财政关系得到进一步的改善。要让权、责、利明晰化、

规范化，对乡镇的财政来源进行适度增加和扩展，让其回到规范经营的道路上，以此更好地发挥有关部门的职责作用，更好地为农村的建设与发展提供帮助。

（三）构建多元主体共治格局，积极发挥合力作用

多元主体共治要求政府和民间社会进行合作、政府和非政府进行合作、公众和民间组织进行合作。在推进国家治理体系和治理能力现代化的过程中，相关部门应当逐步建立起与之相匹配的农村治理系统和农村治理模式。以往，农村基层管理的基本方式以乡镇政府、村支两委为主。要想真正促进农村治理的现代化，就必须改变传统的农村社会管理范式，建立"多参与、同中心"的协同管理模式。要根据目前我国乡村社会特有的联系，把农民、新型农民合作组织、其他农业社会组织、乡村企业等都融入乡村治理系统中，从而探寻出一条由政府、社会、市场等多元主体共同推动的乡村治理道路，以此形成共同建设、共同管制的新型社会管理布局。

在多元主体共治进程中，政府应当主动制定相关的优待措施，以便吸纳并激励更多的优秀人才回乡参与农村建设，弥补人才缺口；鼓励邻近村的村支部书记负责党支部管理，并在村村之间构建社区，实现"抱团发展"，主动利用各方力量。

（四）加强干部队伍建设，发挥领导班子核心作用

要加强青年干部在最基层、最艰难地区的培训。当前，处理我国"三农"问题的根本出路是建设人才队伍。为此，我们必须培育一批"一懂两爱"的"三农"工作人员，提高农村干部的综合能力和作战能力，为实施乡村振兴战略奠定良好的人才基础。

1. 党的领导是乡村治理现代化的根本保证

在加强干部队伍建设中，尤其要将党的干部素质提升放在首位，充分发挥乡村党支部的核心领导作用。要通过公开将群众拥护的、办事公正合理的、能够带领农民致富的优秀党员选拔到乡村组织中，给予配套的干部教育培训，帮助党员干部找准自己的位置，切实解决农村农民的实际问题，带领群众共同富裕，这对促进农村改革、发展、稳定至关重要。

2. 理顺权力配置关系是乡村治理现代化的必要条件

在多元主体共同治理的格局下，必须理顺乡镇政府、村党支部和村委会的关

系，界定明晰各自权力和职责范围，为民主合作型的乡村治理创造一个和谐有序的环境。一是要在法律上明晰乡镇政府与自治组织的职责范围，按照制度和程序办事，并明确乡镇政府对村委会的指导范围和方式，改变过去命令式或直接控制、包办乡村事务的做法；二是要厘清村支两委的职能关系，党支部不以党代政，村委会也不脱离党支部开展工作，并通过宣传教育，让两委干部认清各自职责，使其拥有的权力与履行的职能相对称，从而为乡村治理创造条件。

（五）创新乡村治理理念，形成"三治结合"的乡村治理体系

乡村社会在不断发展，乡村治理环境在不断变化，相应的乡村治理思维和理念也必须得到突破和创新。要做到从"政"到"治"和从"集权"到"分权"的转变，要坚持法治为主、德治为辅，促进村民自治的健康发展。法治建设既是依法治国的组成部分，也是国家治理体系建设的重要内容。党的十九大报告要求"必须把党的领导贯彻落实到依法治国全过程和各方面"。要通过完善农业农村立法、强化公正执法和司法、强化法制监督、动员全民守法，提高干部和群众的法治素养和法治意识，避免乡村管理中出现"家族势力"和"经验管理"等不合法行为。领导干部要带头运用法律手段解决乡村治理过程中的矛盾和问题，把依法行政的理念贯彻到乡镇政府工作的各个方面，切实保护农民的合法权益。德治在乡村治理中起着基础性作用，要能以一种温和的方式解决社会矛盾，还能与法治在价值取向上相向而行。要通过建立村规民约健全的乡村自治制度，积极开展立家训家规、革除陈规陋习、倡文明树新风等活动，将社会主义核心价值观融入乡村治理，确立道德风尚，建立行为自律机制，形成自治、法治、德治"三治结合"的乡村治理体系。另外，要深入挖掘中华优秀传统文化的精髓，通过重塑新乡贤文化，唤醒村民参与治理意识，激发农村管理的内生动力，以"软约束"与"软治理"、教化乡民的方式使村民遵循行为规范、价值导向，让管理乡村的成本降到最低，提升治理效能。

（六）完善乡村治理体制机制，畅通群众参与治理渠道

建立符合当下经济社会条件的乡村治理机制是乡村治理现代化的制度保障，保证农民在乡村治理中的选举权、参与权、监督权、知情权是缓解基层政府与农村居民矛盾的必由之路。要提高乡村治理现代化水平，必须立足于乡村内部制度

的改革，尊重村民民主权利。一是要规范民主选举，凸显村民选举权。选举要按照民主、公开、平等、公正的原则进行，杜绝拉票行贿、暗箱操作的行为。要完善民主管理制度，保障村民参与权，并深入群众宣传村民自治的本质，由全体村民共同制定自治章程和村规民约，培养村民的自治意识；二是要规范民主决策机制，确保决策权的落实。要定期召开村民委员会，结合民主议政日、民主听证会等方式，将与村民利益相关的重大事务交由群众决议；三是要将村务公开，强化民主监督。村务公开，尤其是财务公开是民主监督的前提，要利用公告栏、村民大会等让村民知情，并畅通村民利益表达机制，干部要经常向村民汇报工作，接受村民提出的意见和建议，积极解决村中矛盾和问题，保证乡村社会的稳定发展。

（七）加快城乡一体化发展进程，夯实治理现代化的经济基础

在党的领导下，我们要坚持农业农村优先发展，建立健全城乡融合发展体制机制和政策体系。乡村治理困境的根源在于城乡的二元体制结构，以及城乡一体化发展的不充分，加快城乡一体化发展进程有利于缩小城乡基础设施差距，使物质和人才资源合理流动，促进乡村治理现代化的实现。只有乡村经济真正发展起来、农民真正富裕起来，实现乡村治理现代化才有坚实的物质基础，农民才能共享现代化的成果。要实现乡村治理中公共产品的有效供给。要加大公共产品供给力度，完善乡村基础设施建设；坚持公平公正的分配原则，实现农村公共产品供给模式的转变，为乡村有效治理构建平衡机制。另外，要坚持贯彻党的绿色发展理念，对农村资源进行优化配置，开发并保护农村自然绿色生态，推动农村地区的可持续发展，实现乡村治理效益最大化。

（八）提升农民自身"造血"能力，进一步打通资源与农民之间的直接通道

在今后的乡村发展及振兴过程中，最根本的思路和办法是充分发挥村民的主观能动性，将传统的"输血式""救济式"模式彻底转变为"造血式""开放式"自主模式。在这个过程中，上级政府和相关部门需要对乡村进行深入细致的调研，真正挖掘出乡村自身的优势和特色，引导村民依托本村的特色产业进行生产经营，从而实现致富。乡村特色产业的发展能够提升乡村自身的吸引力，既可以实现乡村振兴，又可以大大缓解乡村人口外流及其造成的留守矛盾，使村民在"自家门

口"也能享受发展红利，充分获得价值感。

乡村治理"内卷化"在一定程度上与普通农民缺乏渠道获取较为全面和准确的资源项目信息渠道有关，因此在接下来的乡村发展与振兴的过程中，上级政府仍要进一步促进有利于乡村发展且与农民致富息息相关的资源和项目信息的公开化、透明化，鼓励更多农民亲身参与到乡村建设中。这种资源共享和参与的渠道一旦被细化和完善，对我们解决乡村发展中所涉及的公平和公正问题大有裨益。只有村民真正投身于乡村建设中，他们才更有动力建设自己的美丽乡村。

二、打造共建、共治、共享的乡村治理格局

每一个人都是社会治理的主体，一个良性社会的形成，需要每一个公民的共同努力。在加强乡村社会治理、推进乡村振兴的过程中，只有既发挥好党委、政府的主导作用，有效整合乡镇的管理服务力量资源，破解"政出多门、各自为战"和"有责无权、权责不对称"等基层治理难题，又引导乡村群众增强主人翁意识，激发社会自治、自主、能动力量，才能建成人人有责、人人尽责、人人享有的社会治理共同体，真正构建起共建、共治、共享的乡村社会治理格局。

（一）规范乡村社会治理平台建设

按照"整合资源、集成服务""一口受理、一站式服务""进一家门、办百家事"等思路，大力推进基层社会治理体制机制改革，特别是在乡镇一级不断整合资源，建设基层治理的各种基础平台，这些措施在乡村社会治理中发挥了较好作用。

各种各样的平台（或称中心）在乡镇出现，既造成了资源的浪费，也背离了改革的初衷。因此，推进基层社会治理体制改革十分迫切。例如，浙江省围绕推进基层治理体系和治理能力现代化，认真落实"简政放权、放管结合、优化服务"的政策，统筹县乡条块力量，优化行政资源配置，在乡镇（街道）统一建设综治工作、市场监管、综合执法、便民服务四平台，构建权责清晰、功能集成、扁平一体、运行高效、执行有力的乡镇（街道）管理体制和机制，搭建了乡村有效治理的框架。

综治工作平台具备社会治安综合治理、维护稳定、平安建设等功能，主要发挥乡镇（街道）社会服务管理中心的综合协调作用，依托乡镇（街道）综合治理

办公室，该平台可以统筹派出所、检察室、法庭、司法所和信访部门等工作力量，切实加强社会治安、矛盾化解、社区矫正和流动人口服务管理等工作。综治工作平台一般由乡镇（街道）分管负责人牵头，乡镇（街道）综合治理办公室负责日常管理协调工作。

市场监管平台承担面向企业和市场经营主体的行政监管和执法等职责，可依托乡镇（街道）食品安全委员会办公室、市场监管所，通过加强与农业、卫生等部门的协作联动，维护市场秩序，改善营商环境，保障经济主体正常开展活动。市场监管平台由乡镇（街道）分管负责人牵头，食品安全委员会办公室负责日常管理协调工作。

综合执法平台承担一线日常执法巡查和现场监管等职责，以乡镇（街道）综合行政执法中队（执法办公室）为主体，可统筹其他相关条线的行政执法力量。综合执法平台由乡镇（街道）分管负责人牵头，执法中队（执法办公室）负责日常管理协调工作。要建立行政执法指挥协调机制，对于需要多个执法队伍或县乡联动处置的事项进行统一指挥协调，组织开展联合执法。

便民服务平台承担基层各类公共服务和便民服务等职责，能够以群众需求为导向，梳理公开行政权力清单、公共服务事项目录，把直接面向基层的各类事项纳入乡镇（街道）便民服务中心，并延伸至村（社区）；通过加强与医疗卫生、文化广电、法律服务、农经农技、人力社保等基层站，以及家政公司、养老机构、志愿单位等社会服务组织的协作联动，畅通信息渠道，提供服务和便利；依托政务服务网，完善乡镇（街道）网上服务站，设立村（社区）网上服务点。便民服务平台由乡镇（街道）分管负责人牵头，便民服务中心管理机构负责日常管理协调工作。

要在规范设立乡村治理"四平台"的同时，强化相关配套制度和措施。首先，要发挥乡镇党委、政府的统筹领导作用，建立健全统一指挥协调、统一考核监督的机制，统筹、协调、指挥、监督区域内社会服务管理和各行政主体的执法活动，还要加强县乡执法联动，强化日常监管，开展区域内统一的联合执法和综合整治，提升管理执法效能；其次，推动智慧治理，加快推进"互联网+"行动，促进信息化与政务服务、社会管理、行政执法等的深度融合，建立乡镇统一的信息收集、分流、交办系统，还要再次严格考核问责，将综合执法、国土资源、规划、环境保护、安监、市场监管等部门派驻的机构人员纳入乡镇日常管理和考核，机构负责人未经乡镇党委同意不得任免，并建立乡镇（街道）工作平台督办、考核制度，对信息接收、分流交办、执行处置、回复反馈各环节实行全流程监督。

（二）实施乡村网格化管理

近些年来，北京、上海、湖北、浙江等地在推进基层社会治理的过程中，创造性地开展了网格化管理，被中央推广到全国各地。网格化管理的基本内涵是，在党委、政府主导下，各部门齐抓共管，社会力量积极参与，把必要的资源、服务、管理配置到基层，使基层有职、有权、有物，进而更好地为群众提供精准高效的服务管理，并及时反映和协调人民群众各方面、各层次的利益诉求，不断筑牢平安和谐的根基，提升基层社会治理水平。

1. 调整优化责任单元

调整优化责任单元，这是实行网格化管理的前提，也是建立各项制度支撑的逻辑起点。要在充分考虑地理、经济、人文的基础上，按照尊重传统、着眼发展、便于管理、全面覆盖和保持管理对象整体性的要求，科学合理划分管理服务网格。在乡村，原则上要以常住的 300~500 户或 1000 人左右为单元划分网格。网格划分总体上有两种模式：一种是以浙江省为代表的"一张网"模式，也叫"全科网格"，即全省统一在社区、行政村之下划分网格，建立"一张网"的网格体系，各部门相关工作统一落到"一张网"，不再划分其他网格；另一种是以湖北省为代表的"多网重叠"模式，即以综治部门的网格为基础，相关职能部门分别建立自己的网格体系，并推进网格之间的联动和对接。

2. 整合相关资源

要按照"一格一员"或"一格多员"的要求，由乡镇统一配备网格管理员，有的地方同时配备网格长、网格指导员。网格管理员一般由村"两委"干部、驻（包）村的乡镇干部、村民小组长、大学生村官、社会工作者、人民调解员、平安志愿者、楼栋长等人员担任。有的地方吸纳各类协辅人员担任专职网格管理员，或通过政府购买服务等办法聘用社会工作者担任专职网格管理员。网格管理员要做到"四个到位"，即信息掌握到位、矛盾化解到位、治安防控到位、便民服务到位。

3. 完善运行机制

实行网格化管理，织密织牢乡村社会治理的"安全网"，归根结底靠的是上下联动、部门合力，形成一套高效顺畅的工作机制。例如，在专职网格管理员管理上，实行村、乡镇两级双重管理。村级网络管理员负责指导督促专职网格管理员开展日常工作；乡镇网络管理员负责对辖区专职网格管理员队伍进行招录、培训、考核等工作，必要时可统一调度指挥专职网格管理员队伍，集中力量开展救援、救助和事件处置工作。要在网格事件处理上实行三级流转办理机制，并对在网格化管理中了解到的群众诉求、发现的问题隐患，以及居民上报的各类信息，依托现代网络信息技术，由村、乡、县逐级在网上受理事件、分析梳理、分流交办、督办反馈，形成闭环工作流程。在网格功能拓展上，要实行网格事务准入制度，对部门提出的纳入网格管理的事务，须报经县级有关牵头部门同意，同时按照"费随事转"原则，相应整合条线上的经费，由县级财政统一转移至乡镇，再由乡镇统筹安排，与网格管理员实际工作绩效相挂钩。此外，各地还要探索建立民情采集研判、便民惠民服务、教育培训、党建引领、责任捆绑等机制，这在实际中可以发挥较好的作用。

4. 探索"互联网+网格管理"

要充分运用互联网思维，促进网格化和信息化的功能相互融合，实现线上线下联动。首先，要推动基层工作流程再造。要探索构建直接面对群众、全程链条式的线上办事服务流程，打通管理服务部门之间的各个环节，以直通车的方式传递群众信息，简化行政程序，提高办事效率。其次，要推进网格管理业务协同。要以"乡村社会治理前端信息统一采集"为抓手，全面梳理各条线、各部门的业务需求，整合并打造网格管理移动应用平台的"最大公约数"，确保网格管理员只用一个移动终端（手机App）就能收集、上报所有相关信息。最后，要拓展"互联网+网格管理"功能。要依托政务服务网等主干信息系统，开发相应服务管理功能模块，将线下服务拓展到线上，将跨地域办事延伸到当地，为公众提供便捷、优质服务，兑现"最多跑一次""把问题解决在家门口"的承诺。

（三）创新社会动员机制

社会治理本质上是人民群众自己的事业，人民群众具有参与社会治理的意愿和动力。要发挥广大人民群众的主人翁精神，建立健全多样化的社会动员和群众参与机制，鼓励和支持多元主体参与乡村社会治理，努力实现政府治理和社会自我调节、居民自治的良性互动。充分发挥人民团体、基层自治组织、各类社会组织和企业事业单位的协同作用，既能把政府的社会治理政策传递到群众中去，又能有效沟通、反映群众诉求。为群众提供便捷、高效的公共服务，是现代乡村社会治理的内在要求。

1. 突出乡村社会治理

从"管理"到"治理"，虽然只是一字之变，但是其内涵发生了深刻变化。管理一般是自上而下的、单向的，更多地注重等级关系，强调服从，而治理则包括自治、法治、德治等内涵，更加突出扁平化，更加强调参与性。在乡村治理实践中，我们必须顺应社会治理发展大势，在治理主体上，转变政府包揽一切的观念，鼓励和支持社会组织、公民个人等多元主体发挥作用；在运作方式上，要更加注重治理的扁平化，以柔性、协商为主要方式，更加强调以法治思维和法治方式解决乡村治理中遇到的矛盾和问题。

2. 调动各方力量参与

要想预防化解社会矛盾，关键是要维护好群众的合法权益。必须始终坚持以人民为中心的发展思想，把维护群众合法权益放在第一位，筑牢基层社会和谐稳定的民心基础。例如，针对农村的环保类事件，福建等地在政府、企业、群众之间搭建了协商平台，并通过提供补贴、公共服务、就业机会等方式，建立了利益补偿机制，找到了项目落地最大公约数。

3. 重视导入市场机制

要善于运用市场思维、市场机制推进社会治理创新，运用利益引导、商业运作推进社会共治，并通过购买服务、项目外包、购买保险等方式化解矛盾、防控风险，不断提高乡村社会治理现代化水平。引入专业化、职业化的社会力量，面向分散化、原子化、个性化的乡村居民，开展更多、更有效的心理干预、矛盾调处、权益保障等工作，这有利于群众问题反映、矛盾纠纷化解、维护权益保障。对于社区矫正人员、精神障碍患者等特殊人群，开展专业心理疏导和矫治，有利于帮助他们修复社会功能，自觉回归社会。事实证明，向社会力量购买服务，将政府"不能做""不便做"和"做不好"的公共服务事项转移给企业和社会组织，不但有助于政府转变职能，使群众得到更多便利和实惠，还可以为企业和社会组织的发展带来更加广阔的空间。例如，在推进智能安防中，辽宁采取以民营资本投入为主、受益居民适量出资、政府购买服务、保险公司托底等商业运作模式，提高了安防项目运营质量和居民安全感。福建运用众创、众包、众智理念，与创客互动，搭建千人微信群、交通违法随手拍等信息平台，大众的问题由大众来解决，取得了良好效果。

4. 弘扬志愿服务精神

志愿服务是指在不求回报的情况下，为改善社会，促进社会进步而自愿奉献个人的时间与精力所作出的服务。志愿服务精神和志愿者是非营利性社会组织发展的基础，也是群众广泛参与乡村社会治理的关键所在。随着生活水平的不断提高、公民意识的不断增强，各地建立起以平安志愿者队伍为主的乡村志愿服务队伍。例如，北京推出"朝阳群众""西城大妈"，河北、河南等地发动出租车司机、环卫工人担任治安志愿者等，这些志愿者在维护基层社会治安中发挥了重要作用。在G20杭州峰会期间，浙江省在设区市成立了平安志愿者总队，在县（市、区）、乡镇（街道）、村（社区）分别成立了支队、大队、中队，共3.5万余个社会组织，并实行统一标识、统一编号、统一调度指挥，辅助开展应急救助、城市运行、文化教育、关爱服务、绿色环保、医疗卫生、心理咨询、司法援助等方面的工作。志愿者们认真开展平安巡防，及时发现安全隐患，有效调解矛盾纠纷。

（四）保护生态本底环境，提升公共服务水平

1. 加强乡村公共基础设施建设

要开展农村道路畅通工程；有序开展较大人口规模自然村（组）通硬化路工程；加强农村资源路、产业路、旅游路和村内主干道建设；推进农村公路建设项目更多地向进村入户倾斜；继续开展"四好农村路"示范创建；全面实施"路长制"；开展城乡交通一体化示范创建工作；加强农村道路桥梁安全隐患排查，落实管养主体责任；强化农村道路交通安全监管；实施农村供水保障工程；加强中小型水库等稳定水源工程建设和水源保护，实施规模化供水工程建设与小型工程标准化改造，有条件的地区可推进城乡供水一体化。

2. 加大农村教育投入和建设

要持续加大农村教育投入，逐年增加农村基础教育生均教育经费；多渠道增加农村普惠性学前教育资源供给，继续改善乡镇寄宿制学校办学条件，保留并办好必要的乡村小规模学校；实施"一村一园"计划，确保每个乡镇有1~2所公办中心幼儿园；严格规范农村义务教育学校撤并调整程序和行为，扩大乡村寄宿制学校建设覆盖面，解决撤并后上学路途遥远问题；在脱贫县城和中心乡镇通过新建、改扩建一批高中和中等职业学校，加快普及农村高中阶段教育；完善农村特殊教育保障机制，脱贫的乡镇至少建设1所特殊学校，并探索建立寄宿制特殊学校，保障定期向乡镇特殊儿童的送教上门服务；加快脱贫县学校教育信息化建设，开展网上教研和在线教学，满足其与城市学校实现远程教学帮扶的基本需求。

3. 完善养老保险及保障机制

要推进城乡低保制度统筹发展，逐步缩小地区城乡低保标准差距；逐步提高特困人员供养服务质量，加强对农村留守儿童和妇女、老年人及困境儿童的关爱服务；健全县、乡、村衔接的三级养老服务网络，推动村级幸福院、日间照料中心等养老服务设施建设，发展农村普惠性养老服务和互助性养老服务；建成以失能、半失能特困人员专业照护为主的县级特困供养机构，完成乡镇敬老院的改造升级。

第五章 乡村振兴战略的典型案例与启示

党中央已经明确了乡村振兴的顶层设计,各地要制定符合自身实际的实施方案,科学把握乡村的差异性,因村制宜,发挥亿万农民的主体作用、发扬首创精神,善于总结基层的实践创造经验。自党的十九大报告提出实施乡村振兴战略以来,全国各地以习近平总书记关于"三农"工作的重要论述为理论指导,以乡村振兴战略的目标任务为行动指南,以不同区域乡村发展实际为问题导向,激发了基层群众的创造性和主动性,各地涌现出了很多独具地方特色的典型案例。本章分析我国典型乡村振兴案例对于乡村振兴的示范引领意义,以求为推动各地区乡村振兴提供多样化的制度选择路径和启示。

第一节 乡村振兴案例研究的重要意义

一、乡村振兴案例研究的必要性

案例分析以典型案例为基础,同时需要结合一定的理论知识和分析方法加以研究,不能仅仅就案例谈案例、就事件言事件。具体到公共管理和政策研究领域,公共管理案例分析则是"应用有关公共管理理论知识,对某一实际公共管理情境进行分解、剖析、讨论、交流,从而达到理论与实践相结合,知识转化为能力的目的之过程"[1]。当前,我国公共管理研究中的案例分析方法存在"自我循环式案例研究"的误区,表现为"研究者在开展研究的过程中,基于一个'案例',抽象出一套理论框架,来'检验'或支撑这个框架"[2]。此种评价不是否定案例分析方法在社会科学研究中的重要价值,而是强调理论框架和案例事件之间应当建构

---

[1] 金太军,周义程. 公共管理案例分析 [M]. 广州:广东人民出版社,2015.
[2] 蒙克,李朔严. 公共管理研究中的案例方法:一个误区和两种传承 [J]. 中国行政管理,2019(9):89-94.

良性关联。案例分析的基础是案例，而案例的典型性和多样性则是案例分析取得良好结果的基础。乡村振兴案例研究中的案例本身就具有多样性、多元化的特征，这也意味着本书中涉及的乡村振兴案例在很大程度上存在代表性不足的问题，因此在案例选择和整理上，我们要力求典型性、代表性和广泛性，重视地区差异和村庄差异。

关于乡村振兴的发展目标，《乡村振兴战略规划（2018—2022年）》明确指出："探索形成一批各具特色的乡村振兴模式和经验，乡村振兴取得阶段性成果。"[1]"乡村振兴模式和经验"的基础即乡村振兴案例，是全国范围内不同地区的乡村振兴实践。本书的研究目的主要体现在两个方面：一是尝试总结和归纳全国范围内在乡村振兴方面取得阶段性成果的典型案例，深入分析这些典型案例的主要做法、经验及可能存在的问题；二是通过案例研究深化人们对乡村振兴战略的认识，分析实施乡村振兴战略过程中的重要问题、关键问题、核心问题，并尝试找寻解决这些重要问题、关键问题、核心问题的方法。

乡村振兴模式的实施主要有以下几个方面作用。

第一，有助于检验和完善乡村振兴顶层设计和制度体系。自党的十九大报告提出实施乡村振兴战略以来，我国陆续出台了众多政策性、导向性文件，强化了乡村振兴顶层设计和制度体系，进一步为落实乡村振兴战略指明了前进方向。党的二十大报告提出乡村振兴战略坚持农业农村优先发展，目标是按照产业兴旺、生态宜居、乡风文明、治理有效、生活富裕的总要求，建立健全城乡融合发展体制机制和政策体系，加快推进农业农村现代化。乡村振兴战略作为国家着眼于未来的重大战略，首先需要做好乡村振兴顶层设计和制度体系，同时也要根据乡村振兴发展阶段作出相应调整，乡村振兴案例能为检验和完善乡村振兴顶层设计和制度体系提供宝贵的材料。乡村振兴战略的顶层设计和制度体系具有全局性、战略性、概括性的特点，能够发挥宏观指导的作用，同时乡村振兴战略又要最终落实到每一个乡村、每一位农村居民，这就决定了乡村振兴战略不是空洞的、抽象的，而是与农业发展、农村实际、农村居民的生活息息相关的。乡村振兴战略顶层设计和制度体系与农村实践是理论与实践的关系，实践对理论具有决定作用，同时理论对实践具有反作用。我国基本国情决定了乡村必须振兴，"我国发展的

---

[1] 部署[J].四川党的建设，2018（19）：7.

阶段性特征要求乡村必须振兴"[①]，这是乡村振兴战略提出的实践基础；乡村振兴实践又能及时检验乡村振兴战略的理论内容，并有助于完善乡村振兴战略。

第二，有助于提供具有实用性、可操作性和可借鉴性的经验。实施乡村振兴战略，着眼于促进农业农村现代化，实现中华民族伟大复兴的中国梦，其意义重大、影响深远。乡村振兴战略在体制机制和政策体系上具有全局性、全面性的特征，落实到农村中的效果需要实践予以检验。中国的对内改革是从农村开始的，农村改革的主要经验是制度在某一或者某些区域先行试点，然后再推向全国。乡村振兴战略同样意味着农村改革的全面深化，除了继续坚持原有成熟有效的制度体制，同时，农村土地制度改革、农村集体产权制度改革等方面也要有所突破、有所创新，这些改革措施也大都需要在先行试点的基础上再被推广至全国。经验做法可以被借鉴，但是也要根据当地实际情况作出相应调整。

第三，有助于激发地方基层农民群众参与乡村振兴的主动性和创造性。激发亿万农民群众的内生动力，是实施乡村振兴战略的关键。实施乡村振兴战略，其核心是围绕农民群众最关心的现实利益问题，加快补齐农村亿万农民群众的民生短板，让亿万农民群众有更多实实在在的获得感、幸福感、安全感。乡村振兴的顶层设计和制度体系，也离不开亿万农民群众的主动参与、积极实施。乡村振兴具有全局性、长期性的特征，农民群众的参与热情也不能是一时的、临时的，而是需要长期关注和投入，农民群众对乡村振兴的理解和认识也需要进一步得到增强。自中华人民共和国成立特别是改革开放以来，我国经济社会总体面貌发生了翻天覆地的变化，农民群众的思想观念也在社会转型中发生了巨大变化，传统观念与现代意识交织互存。张端指出，"农民的社会心理呈现出以现代性为主的社会心理特征，即竞争心理、求富心理、开放意识及自我主体意识在增强"[②]。此观点具有一定的合理性，同时我们也要促进农民思想观念的融合，农民针对具体事项所持有的观念、所采取的行为并不完全是一致的，当涉及乡村振兴领域时，亦是如此。对乡村振兴案例的总结、分析和宣传，有助于我们及时认清和弥补农民群众对乡村振兴认识的不足，坚定农民群众对乡村振兴的信心和决心，激发农民群众参与乡村振兴实践的积极性、主动性和创造性。

---

① 陈锡文.从农村改革四十年看乡村振兴战略的提出[J].行政管理改革，2018（4）：4-10.
② 张端.改革开放以来农民社会心理的现代性变迁[J].人民论坛，2014（8）：140-142.

二、当前乡村振兴案例研究的文献综述

目前，全国各地乡村正在实施乡村振兴战略，涌现出了数量众多的典型案例，这些乡村振兴案例也引起了学术界的广泛关注，并出现了大量理论成果。随着乡村振兴战略的深入，我们对各地典型案例的研究需要进一步分析。

（一）乡村振兴战略的整体制度路径分析

实施乡村振兴战略，除了政策制定部门统筹规划、地方乡村探索实践，学术界也要对这一战略进行解读和分析，从不同角度全面认识乡村振兴战略，并从理论层面提供全面的分析和建议。陈锡文从农村改革四十年的发展历程这一角度进行总结和展望，"我国的基本国情和经济社会发展阶段的基本特征都是提出乡村振兴战略的背景"[①]。实施乡村振兴战略，需要关注农村基本经营制度、农村集体产权制度、实现小农户和现代农业有机衔接等制度性问题。顾益康提出"实施乡村振兴战略也应坚持党管农村，农业农村优先发展，农民主体地位，乡村全面振兴，城乡融合发展，人与自然和谐共生，因地制宜、循序渐进"[②]七个原则。陈文胜指出，"从历史发展角度来看，乡村振兴战略实现了从城乡统筹向城乡融合的转变、'四化'同步发展到农业农村优先发展的转变、从农业现代化到农业农村现代化的转变，表明乡村振兴战略对于农业农村发展、对于国家整体发展都是一个崭新的历史发展阶段"[③]。

叶兴庆认为，"以乡村振兴战略统领未来国家现代化进程中的农业农村发展，是解决我国发展不平衡不充分问题、满足人民日益增长的美好生活需要的要求"[④]。与新农村建设的总要求相比，乡村振兴的总要求不仅体现在字面的调整上，更体现在内涵的深化上，可以说是其升级版。在城乡二元结构仍较为明显的背景下，要确保农业农村现代化跟上国家现代化步伐，必须牢牢把握农业农村优先发展和城乡融合发展两大原则。要抓好"人、地、钱"三个关键要素，促进乡村人口和农业从业人员占比下降、结构优化，加快建立乡村振兴的用地保障机制，建立健全有利于各类资金向农业农村流动的体制机制。有学者认为，在具体实施乡村振

[①] 陈锡文. 从农村改革四十年看乡村振兴战略的提出[J]. 行政管理改革, 2018（4）: 4-10.
[②] 顾益康. 实施乡村振兴战略 加快农业农村现代化[N]. 浙江日报, 2017-11-06（005）.
[③] 陈文胜. 怎样理解"乡村振兴战略"[J]. 农村工作通讯, 2017（21）: 16-17.
[④] 叶兴庆. 新时代中国乡村振兴战略论纲[J]. 改革, 2018（1）: 65-73.

兴战略的过程中，应重视"三条路径"的协调推进，即"五个激活"（激活市场、激活主体、激活要素、激活政策、激活组织）驱动、"五位一体"（农民主体、政府主导、企业引领、科技支撑、社会参与）协同和"五对关系"（乡村与城市、政府与市场、人口与流动、表象与内涵、短期与长期）把控的协调推进。刘守英、熊雪峰认为"乡村振兴应以实施乡村振兴战略为统领，以强化活化乡村的制度供给和城乡融合的体制机制创新为支撑，以'活业—活人—活村'为路径，实现'产业兴旺、生态宜居、乡风文明、治理有效、生活富裕'"[①]。

建立健全城乡融合制度保障体制是实施乡村振兴战略的保障。从宏观层面，刘彦随分析了城乡融合与乡村振兴的复杂关系，指出"城市与乡村是一个有机体，只有二者可持续发展，才能相互支撑"[②]。依据人地关系地域系统学说，城乡融合系统、乡村地域系统是全新认知和理解城乡关系的理论依据。针对日益严峻的"乡村病"问题，全面实施乡村振兴战略，既是推进城乡融合与乡村持续发展的重大战略，也是破解"三农"问题、决胜全面建成小康社会的必然要求。杨园园、臧玉珠、李进涛认为"乡村振兴战略是我国现代乡村发展理论与实践的创新，核心在于破解乡村地域系统的'五化'问题"[③]。他们以京津冀地区为研究范围，从"人口—土地—产业"视角构建城乡转型评价指标体系，根据城乡转型的发展轨迹进行功能分区，并基于分区进行乡村振兴典型模式的梳理，以期形成区域发展样板，为京津冀乡村振兴提供理论参考，并为其他地区乡村振兴模式提供研究思路和技术支撑。

（二）从具体案例出发对乡村振兴战略进行解读和分析

对乡村振兴案例的整理总结，地方政府部门（主要是农业农村部门）是主要参与者，同时其他社会组织或者个人也有不同程度的参与。例如，规划实施协调推进机制办公室编著的《乡村振兴战略规划实施报告（2018—2019年）》[④]、吴维海著的《新时代乡村振兴战略规划与案例》[⑤]、黄文俊主编的《乡村振兴司法服务与

---

① 刘守英，熊雪峰. 我国乡村振兴战略的实施与制度供给[J]. 政治经济学评论，2018，9（4）：80-96.
② 刘彦随. 中国新时代城乡融合与乡村振兴[J]. 地理学报，2018，73（4）：637-650.
③ 杨园园，臧玉珠，李进涛. 基于城乡转型功能分区的京津冀乡村振兴模式探析[J]. 地理研究，2019，38（3）：684-698.
④ 规划实施协调推进机制办公室. 乡村振兴战略规划实施报告（2018—2019年）[M]. 北京：中国农业出版社，2020.
⑤ 吴维海. 新时代乡村振兴战略规划与案例[M]. 北京：中国金融出版社，2018.

保障典型案例评析》[①]。

部分研究成果以某一个村或某一区域的乡村振兴实践为案例,具体分析了乡村振兴的制度路径和动力机制。张玉强、张雷以上海市Y村为例,认为:"以优势产业发展实现资源内生是乡村内源式发展的基础;完善乡村治理体系,以乡村自组织实现组织动员是核心也是关键;激发地方居民的乡土记忆,实现身份认同是重要保障"[②]。王景新、支晓娟从特色小镇与美丽乡村同建振兴乡村的案例入手,分析了中国乡村振兴及其地域空间重构,并表示"下一步应该以县域为单元,以乡村振兴为重心,以特色小镇和美丽乡村同步规划建设为抓手,制订更加具体可行的'乡村振兴'计划和推进政策"[③]。

杨慧莲等[④]则以贵州省六盘水市舍烹村为案例,分析了"小、散、乱"的农村如何实现乡村振兴。他们运用案例研究的方法,描摹了村庄在内部资源重组、组织重构过程中的具体实践及颇具借鉴意义的做法,并对村庄发展过程中"资源变资产、资金变股金、农民变股东"的制度设计做了剖析。而且他们进一步通过案例实证得出为实现可持续发展,未来村庄尚需重塑资金、劳动力、技术等要素环境的结论。

以村庄或者区域为基点是研究乡村振兴案例的一种方法,同时乡村振兴案例研究也可以从乡村振兴政策体系、具体制度安排等出发。高彦彬、阮非凡[⑤]介绍了传统金融和互联网金融两大类农村金融模式,对其做了比较分析,并针对两种模式提出了一些建议,总结出在乡村振兴战略推进过程中应促进互联网农村金融模式与传统农村金融模式的互补融合的论断。李志龙[⑥]以湖南凤凰县为例,分别构建了乡村振兴评价指标体系和乡村旅游评价指标体系。根据2001—2017年面板数据,他分别计算了其综合评价指数、协调度、协调发展度,依此将凤凰县乡村振兴-乡村旅游系统耦合过程划分为三个阶段,并分析了三个阶段的特征。而

---

① 黄文俊. 乡村振兴司法服务与保障典型案例评析[M]. 北京:人民法院出版社,2019.
② 张玉强,张雷. 乡村振兴内源式发展的动力机制研究——基于上海市Y村的案例考察[J]. 东北大学学报(社会科学版),2019,21(5):497-504.
③ 王景新,支晓娟. 中国乡村振兴及其地域空间重构——特色小镇与美丽乡村同建振兴乡村的案例、经验及未来[J]. 南京农业大学学报(社会科学版),2018,18(2):17-26,157-158.
④ 杨慧莲,韩旭东,李艳,等. "小、散、乱"的农村如何实现乡村振兴?——基于贵州省六盘水市舍烹村案例[J]. 中国软科学,2018(11):148-162.
⑤ 高彦彬,阮非凡. 金融支持、科技进步对供给侧改革影响研究——基于H省样本数据与VAR模型的实证分析[J]. 生产力研究,2019(7):10-15.
⑥ 李志龙. 乡村振兴-乡村旅游系统耦合机制与协调发展研究——以湖南凤凰县为例[J]. 地理研究,2019,38(3):643-654.

且他根据演化速度函数及可反映二者变化趋势的差异的剪刀差，解析了乡村振兴－乡村旅游耦合系统的演化过程。

三、乡村振兴案例研究的分析框架

乡村振兴战略着眼于乡村这一特定区域，在不同地域范围内的实施情况存在不同，这就要求不同层级采取相应的措施，从而也就涌现出了不同层级的乡村振兴案例。在当前乡村振兴实践中，省负总责、市县乡抓落实，同时乡村是乡村振兴战略落地落实的最基层，发挥着基础性、基石性的作用。乡村振兴案例虽然基于"乡村"这一地理区域概念，但是不限于乡村，同时还包括省域、市域、县域、镇（乡）域等不同层级的典型案例。乡村既是一个自然地理概念，又是一个法律概念。《中华人民共和国村民委员会组织法》中第一章第二条规定："村民委员会是村民自我管理、自我教育、自我服务的基层群众性自治组织，实行民主选举、民主决策、民主管理、民主监督。"[1] 从法律属性上看，村民委员会是基层群众性自治组织，其管辖范围内的乡村，有时又被称为"行政村"。与"行政村"相关的概念是"自然村"或者"村民小组"。"村民小组"或者"自然村"在乡村振兴中也能够发挥重要的积极作用，在诸多乡村振兴案例中都有不同程度的体现。乡村振兴案例中的"乡村"主要指的是村民委员会这一层级。

乡村振兴是一个系统性工程，要抓好"人、地、钱"三要素，以实现产业振兴、人才振兴、文化振兴、生态振兴、组织振兴的全面振兴。从整体上看，乡村振兴是一个极为复杂的经济社会生态系统。其中，以"人"为核心的组织结构和运行机制是乡村治理体制机制和运行的核心，人才资源、人力资本是确保乡村振兴顺利推进的关键，同时与组织振兴、人才振兴直接相关，能影响产业振兴、文化振兴、生态振兴。乡村振兴要对各种资源要素进行再整合、再开发、再利用，从全局统筹城乡区域的融合发展，着眼于实现共同富裕。

从"五大振兴"的内在逻辑上看，产业振兴是乡村振兴的物质基础，直接关系到提供乡村就业机会和拓宽农民增收渠道，这是生活富裕的根本。人才振兴是乡村振兴的关键，直接关系到乡村振兴的实施效果。因此，推动乡村振兴，必须打造一支强大的人才队伍，切实解决农村缺人手、少人才、留不住人等问题，凝

---

[1] 张印忠. 村民自治中的民主监督[J]. 中国民政，2003（8）：20-22.

聚乡村发展的人气。文化振兴是乡村振兴的重要基石。推动乡村振兴，既要坚持"富口袋"又要坚持"富脑袋"，物质文明与精神文明二者不可分离。我们必须大力挖掘乡村文化功能，提升乡村文化价值，增强乡村文化吸引力，不断提升乡村社会文明程度。生态振兴是乡村振兴的内在要求，良好的生态环境是农村的最大优势和宝贵财富，产业发展与生态保护是一体的，产业振兴不能破坏乡村生态环境。组织振兴是乡村振兴的根本保障。要不断提升基层党组织的领导力、吸引力、支撑力，增强村民委员会、农村集体经济组织、村务监督委员会等农村基层组织的活力。这"五大振兴"是不可分割的有机整体，它们相互联系、相互作用、相互促进，因此我们必须注重其协同性、关联性，整体部署、协调推进。

实施乡村振兴战略的最终目的是实现共同富裕，乡村治理在乡村振兴中的地位是基础性的，同时又是关键性的，它直接关系到乡村振兴的最终实施效果。乡村治理的参与主体同时又是乡村振兴的参与主体，不同主体在乡村治理中的地位和功能是不同的。乡村治理有效意味着各主体之间形成了协作关系，这是促进农村社会和谐、农村产业发展、农民收入增加的治理基础。

第二节 乡村振兴典型案例分析及启示

一、乡村振兴典型案例

实施乡村振兴战略是全面建设社会主义现代化国家的重大历史任务，是国家层面的宏观战略，我们理应在全国范围内予以贯彻落实。根据我国宪法关于行政区域划分的规定，全国分为省、自治区、直辖市，省、自治区分为自治州、县、自治县、市，县、自治县分为乡、民族乡、镇。笔者尝试在全国范围内选取典型案例、典型做法、典型经验，运用前面所提出的案例分析框架，综合考察各地在实施乡村振兴战略方面的特色做法。

限于篇幅和研究需要，本节重点分析县级和村级两级乡村振兴典型案例。乡村振兴战略规划实施协调推进机制办公室明确指出："县一级是实施乡村振兴战略的'主战场'，既要抓宏观，又要抓微观；既要重部署，又要重落实；既要靠指挥，又要靠实干，它发挥着承上启下的关键作用，直接决定着乡村振兴战略的实施效果。"① 因此，县级党委和政府在全面推进乡村振兴战略过程中起着承上启下的关键中介作用，意义重大。我国有 2 800 多个县级行政区划单位，它们是经济发展、社会治理的基本单元，因此促进县域内部城乡融合发展是促进农业农村现代化的重要路径。全国范围内各县级行政区划单位立足当地县情农情，发挥地方优势，坚决落实乡村振兴战略规划部署，涌现了众多县级乡村振兴案例。同时，这些县级乡村振兴案例并不完全具备特殊性，其中很多经验做法可以为其他县域提供有益的借鉴。本书所使用的乡村振兴典型案例，一方面来源于课题组的实地调查，另一方面来源于农业农村部、地方各级政府、社会组织等发布的典型案例。

（一）县级乡村振兴的典型案例分析

"县抓落实"是健全和完善乡村工作机制的要求，"落实"意味着乡村振兴顶层设计和制度体系得以真正施行。从宏观上看，县级乡村振兴案例基本上是着力强调"五大振兴"全面布局，统筹推进，凸显整体性；从微观上看，各案例内部又是在产业振兴、人才振兴、文化振兴、生态振兴、组织振兴等方面各有特色，具有代表性。从整体上看，河南省孟津县（2021 年改为孟津区）坚持把实施乡村振兴战略摆在突出位置，着眼"五大振兴"，奋力打造乡村振兴的孟津模式。一是聚力产业振兴，打牢乡村振兴基础。聚焦农业现代化，以农业供给侧结构性改革为主线，以三产融合发展为引领、特色发展为方向，持续提高农业综合效益和竞争力。二是聚力人才振兴，厚植乡村振兴动力。坚持党管人才原则，着力培育人才、留住人才、用好人才，为乡村振兴提供强大智力支持。三是聚力文化振兴，丰富乡村振兴内涵。大力推动文化发展、文明创建，着力夯实乡村振兴"硬支撑"。强化基础，以文化人。丰富内涵，以文惠民。突出特色，以文兴业。四是聚力生态振兴，提升乡村振兴"颜值"。大力推行绿色发展方式和生活方式，让乡村成为令人向往的美好家园。五是聚力组织振兴，夯实乡村振兴保障。积极构建"党建引领、'三治'并进、服务进村"乡村治理体系，为打赢脱贫攻坚战和实施乡村振兴战略奠定良好的基础。

1. 组织振兴的典型案例

组织振兴可为乡村振兴提供领导和组织保障。河北省石家庄市栾城区创新"二级支部"设置，推行"二级党支部"管理模式。在 50 人以上党支部设立"二

---

① 规划实施协调推进机制办公室. 乡村振兴战略规划实施报告（2018—2019 年）[M]. 北京：中国农业出版社，2020.

级支部",将村党支部升格为党总支,下分若干党支部,党员以党支部为单位开展活动。该区全面实行"四级网格"管理,建立村党总支负责的第一级网格、"二级支部"负责的第二级网格、党小组负责的第三级网格、党员联系服务群众的第四级网格,确保联系服务群众全覆盖,从而为实现乡村振兴提供坚强组织保证。浙江省桐乡市在推进党建引领"三治融合"工作中,注重系统谋划、精准指导,出台了相关实施意见,并明确了基层党组织的领导核心地位、党建引领基层社会治理的内在逻辑、"一约两会三团"工作模式、以"三治信农贷"为载体的"金融惠农"行动体系等核心内容,使得基层党组织协同各类社会力量共解治理难题的意识大为增强,"大事一起干、好坏大家评、事事有人管"的基层社会治理格局逐步形成。在脱贫攻坚过程中,四川省凉山彝族自治州(以下简称"凉山州")昭觉县在充分发挥群众主体地位的基础上,充分借助外部力量,形成了统一领导、自上而下、层级动员、内外联动的组织治理体系。2020年11月,四川省人民政府批准凉山州昭觉县退出贫困县序列。

2. 产业振兴的典型案例

产业振兴是乡村振兴的物质基础,也是农民收入持续增加的基础。全国各地坚持因地制宜、突出特色,市场导向、政府支持,融合发展、联农带农,绿色引领、创新驱动,在乡村产业振兴领域走出了符合当地实际的特色之路。山东省利津县落实黄河流域生态保护和高质量发展国家战略,将工业化理念运用到农业生产中,用工业化思维发展现代农业,用工业园区模式建设现代农业园区,并投资1.6亿元建设智联农创工场,创新实行"工厂化"建设、"合伙人"运营、"六统一"管理、"智慧化"服务,仅用67天就在1 200亩(1亩≈666.67平方米)盐碱地上建起了一座高标准、智慧化、现代化农业产业园区,智联农创资产总额、亩产效益实现了"百倍提升",农民收入、村集体收入实现了"翻番"。山东省莱西市同样以实施乡村振兴战略为总抓手,围绕现代化目标发展现代农业,坚持规模化、园区化、绿色化、品牌化、链条化,加快推进一二三产业融合发展,积极探索平原地区产业兴旺的新路径,促进农业的提质增效和转型升级,从而为乡村振兴提供强劲动力和支撑。

3. 人才振兴的典型案例

对于乡村振兴,人才振兴是关键。想要推动乡村振兴,必须打造一支强大的人才队伍，因此我们必须切实解决农村引不来人才、培育不出人才、留不住人才的问题。乡村人才振兴，就是要在"引进来""培育出""用得好""留得住"等方面着力，创新人才引进、人才培育、人才使用、人才激励机制。山西省宁武县严格把控村医准入管理，倡导"赤脚医生"穿上"鞋"。宁武县村卫生室改革后，在村卫生室执业的医护人员必须具备相应的执业资格并按规定进行执业注册。该县采取公开招聘医学专业毕业生、从本地选派人员进行定向培养等方式，引导符合资质的人员到村卫生室执业，充实、优化乡村医生队伍，保障村卫生室人员队伍稳定和新老更替。公开招聘的乡村医生由县级卫健局考核后注册聘用。该县还鼓励公立医院退休医生、执业（助理）医师到村卫生室工作。为了充分发挥乡土科技实用人才在实施乡村振兴战略推进产业兴旺中的示范、带动作用，2018年以来，福建省将乐县为了更好地服务"三农"之路，建立了乡土科技特派员制度。将乐县乡村振兴领导小组按照一定程序，从全县一、二、三产业从业人员中，选聘了第一批七类三十四名实用技术示范推广人才，涉及种植、养殖、农机服务、林业生产经营、工农业加工、电子商务和民宿设计等。浙江省嘉善县坚持党管人才、增强合力，着力推进人才政策体系化、科学化，优化升级"创新嘉善·精英引领计划"，实施创业创新人才"墩苗计划"，加快实施"嘉人汇善"人才工程，形成了具有特色的"1+1+X"人才政策体系。

4. 文化振兴的典型案例

乡村具有传承优秀中华文化的功能，文化振兴更是乡村振兴的精神基础，文化振兴不只是在精神文明领域发挥积极作用，它还能够影响到产业振兴、人才振兴、生态振兴、组织振兴等。山东省曲阜市紧紧围绕建设"红色殿堂、精神家园、服务平台、百姓之家"的目标定位，把开展新时代文明实践中心建设试点工作作为举旗帜、聚民心、育新人、兴文化、展形象的重要举措，积极探索，勇于创新，孔子博物馆、尼山圣境等文化项目迅速崛起，研学游、文化体验游等文旅产业加速发展，儒家文化已深深融入这座城市发展的血脉中，并在不断的探索与实践中焕发生机。安徽省宿松县作为"中国诗歌之乡""中国民间文化艺术之乡"，有着"江南幅邑、秀错三省"的美誉。近年来，该县在实施乡村振兴战略过程中，紧紧围绕"乡风文明"，认真梳理乡村的历程和文化的基本价值，反思乡村文化的基本规律，激活传统"乡贤文化"，传颂"古贤"、引进"今贤"、培育"新贤"，弘扬文明新风，让乡贤文化助力乡村振兴。

5. 生态振兴的典型案例

乡村振兴，生态宜居是内在要求。浙江省安吉县以"两山"理论为指引，开始实施以"中国美丽乡村"为载体的生态文明建设，并围绕"村村优美、家家创业、处处和谐、人人幸福"的目标，实施了环境提升、产业提升、服务提升、素质提升的"四大工程"，从规划、建设、管理、经营四个方面持续推进美丽乡村建设，创新体制机制，激发建设内在动力。经过十余年努力，该县实现了生态保护和经济发展的双赢，获得"联合国人居奖"，成为中国美丽乡村建设的成功范本。安徽省岳西县坚持生态优先、绿色发展，围绕安徽省委省政府要求的岳西"争创'两山'理论实践县域经济创新发展排头兵"和"打造乡村振兴全省样板"的目标，大力发展绿色高效特色产业，其生态环境质量全面提高、生态产业蓬勃发展、生态经济实力不断增强、人民幸福指数逐年提升，并不断探索"两山"理论实践转化路径，实现了生态美与农民富的有机统一。

（二）村级乡村振兴的典型案例分析

村庄本身是一个综合体，乡村振兴取得实效意味着乡村在产业振兴、人才振兴、文化振兴、生态振兴、组织振兴等领域都有显著进步，任何一领域存在短板，都会制约乡村振兴的整体效果。村级乡村振兴案例在数量上是巨大的，而某一个具体乡村在乡村振兴方面取得成效的做法又具有较强的特殊性，其与该村自然地理、资源禀赋、外界环境等综合要素密不可分，但是总体上也没有超出"五大振兴"的范围。

实施乡村振兴战略，本质上属于集体行动的范畴，其核心依然是处理好政府、市场与社会的关系。乡村发展离不开外部人才、资金等要素的支持，同时有关部门必须发挥好乡村自身的主动性。村庄是乡村振兴的最前沿，乡村振兴战略在村庄层面的实施是促进农业农村现代化的必然要求。治理有效是乡村振兴的基础，这要求我们以整体、系统的视角认识乡村治理。乡村振兴的顺利推进，要求乡村振兴所有参与主体都能依据相应的规则，即在规则主导下有所作为，进而形成参与乡村振兴的合力。

1. 组织振兴的典型案例

全面推进乡村振兴是实现中华民族伟大复兴的一项重大任务，我们必须举全党、全国之力加快农业农村现代化。坚持和加强党对"三农"工作的全面领导，是全面推进乡村振兴的政治保障。习近平总书记要求乡村振兴首先在党内形成坚强的领导体系，确保政策畅通、落地、落实。为此，全国各地乡村着力加强党的建设，特别是重视农村基层党组织建设，以"党建+"为重点，全面强化党对乡村振兴的领导。

山东省兰陵县代村抓党建促乡村振兴，以建强党组织堡垒为抓手，以发展壮大村集体经济为依托，逐步实现村强民富的目标。多年来，代村按照《中国共产党农村基层组织工作条例》[①]《中华人民共和国村民委员会组织法》等规定，村"两委"成员带头示范，"约法三章"：村里工程绝不允许亲朋好友插手，惠民政策绝不允许沾亲带故徇私，干部选用绝不允许直系亲属沾光。该村建立了村党组织"提事"、村委会"议事"、党员和村民代表大会"定事"、村务监督委员会"监督事"工作机制，要求全村对涉及村级发展的重大事项必须进行民主决策。2012年5月，代村创新监督全覆盖机制，在临沂市率先成立了第一个农村社区纪委，并从社区居民中推选了30名廉政监督员，对村"两委"干部和党员实行"零距离"监督。在党的十九大提出实施乡村振兴战略后，代村"两委"紧紧围绕习近平总书记提出的打造"两个千千万万"的重要指示，继续深化组织建设，加强党员教育，依托村史馆、辉煌中国馆等，定期开展党员现场说教，着力引导广大党员投身乡村振兴，激励党员在发展壮大集体经济、带领群众共同致富过程中更好地发挥先锋模范作用。

安徽省歙县创新"党建+"机制助力乡村振兴。安徽省歙县坚持"书记抓，抓书记"，不断强化五级书记抓乡村振兴的政治责任和使命担当，创新丰富"党建+"内涵，强力促进乡村振兴提质增效。一是创新"党建+基层治理"机制，助力乡村组织振兴。实施"党组织扩面提升行动"，创新农村党组织流程化管理，持续整顿软弱涣散的村党组织，全县"两新"党组织覆盖率达100%。完善拓展农村基层组织"六大载体"建设，创新乡镇流动党委会开到村、乡村书记论坛、农村党员"十二分制"积分管理等特色做法，进一步形成基层党组织和党员干部畅通民意、网格管理、精准服务、治理有效的群众工作新模式。二是创新"党建+

---

① 新华社.中共中央印发《中国共产党农村基层组织工作条例》[R/OL].（2019-1-10）[2023-11-25]. https://www.gov.cn/zhengce/2019-01/10/content_5356764.htm.

人才培育"机制，助力乡村人才振兴。强化乡镇领导班子建设，突出"一线选拔"的用人导向。强化村级领导班子建设，实施村干部六大提升工程，着力提高村干部政治素质、文化素质、发展能力、治理能力、群众工作能力、党建工作能力，并遴选村级后备干部，确保村级干部队伍可持续建设。三是创新"党建＋产业发展"机制，助力乡村产业振兴。推行把党支部（党小组）建在产业链、行业链上，先后组织合作社等产业类型党支部22个。四是创新"党建＋文化传承"机制，助力乡村文化振兴。各乡镇、村党组织着力推动开展"四个一"活动。建强一支文化队伍，加强对农村非遗人才的发现和保护利用，先后培育农村各类非遗人才。保护一批传统村落，加强对全县中国传统村落的保护和利用，积极发挥"中国传统村落最多县"的品牌效应，着力打造棠樾、许村、坡山、卖花渔等一批旅游强村。五是创新"党建＋环境保护"机制，助力乡村生态振兴。落实完善"新安江党建联盟""新安江志愿服务"等机制，强化深渡镇等特色小镇"核心功能"，聚力推进新安江百里大画廊建设。

2. 人才振兴的典型案例

乡村振兴，关键在人。人才、人力资源在乡村振兴"人、地、钱"三要素中居于先导地位，直接影响着"地、钱"等其他要素的使用。我们需要健全完善人才的培养、引进、管理、使用、流动、激励等机制，更要形成长效机制，确保各类人才长期参与乡村振兴。人才振兴首先是乡村振兴视野下的人才振兴，各类人才要参与乡村振兴实际工作，才能真正发挥人才的内在活力。各类人才在乡村振兴中也存在相互联系、相互合作的关系，因此我们也需要以治理有效为目标，协调处理各类人才的关系。全国各地要围绕乡村"培育人才、引进人才、使用人才、留住人才"等方面，探索创新人才机制，强化乡村人才开发的长效制度支撑。

例如，山东省鼓励支持各市（区）、县面向海内外山东籍企业家、创业者，以及金融投资业者、专家学者等人才招募"乡村振兴合伙人"，在现代生态农业、乡村旅游、农业生产和生产性服务业、农产品加工流通等方面开展全方位、多形式的合作，吸引、整合、调动各方资源，力求推动农村农业投资和科技成果转化。"乡村振兴合伙人"可通过投资、技术服务、入股及招商等形式，共同发展新型农业主体和农村新业态，山东省还允许"乡村振兴合伙人"通过合同约定享有乡村项目开发等优先权。

再如，浙江省支持青年回乡发展产业，支持返乡青年竞聘乡村振兴职业经理人，推动村庄经营和村级集体经济发展；支持青年企业家协会组织会员企业投身乡村产业发展，以推出一批叫得响、市场占有率高的青创名牌产品；推广"青创联盟"做法，支持青年回乡创业、抱团发展；完善"青创农场"培养体系，为入驻者提供项目管理、技术指导、品牌培育、渠道推广等定制化服务；推动创业担保贷款增量扩面，以拓宽农村创业青年融资渠道；开展"浙里担·青农贷"团银担合作公益项目，最高提供100万元无抵（质）押担保贷款；培育青年成为"农创客""新农人"；建设农产品上行示范村，实施"百万英才"农村青年电商培育工程，培育农村青年电商3万名；加强精准化培训服务，开设青年"农创客""新农人"创新实验班；支持高校完善大学生农业定向培养机制，推动1万名以上高校毕业生从事现代农业；鼓励开展高校毕业生乡村创业创新活动。

3. 产业振兴的典型案例

产业振兴要求我们在继续巩固农业的基础性地位的同时，还要积极探索农村一二三产业融合发展的有效路径。其中，农村集体经济组织、农村各类专业合作社是乡村内部发展产业的重要组织，能够有效鼓励村民参与产业发展，同时也能够与外部其他企业、社会组织和个人建立各种类型的经济合作关系，从而形成支撑乡村产业发展的多元融合主体。农村集体经济组织是我国集体所有制的一种形式，是中国特色社会主义经济制度的重要组成部分，对巩固社会主义制度具有重要意义。农村专业合作社是村民之间自愿联合，以发展农业、促进农业增收为主要目的的经济合作组织。因此，发展农民专业合作社是建设现代农业的迫切要求，是我国对现行生产关系和生产力发展的创新，是我国建设现代农业、增强农业竞争力的重要举措。农民专业合作社是组织农民发展生产、走向市场的重要桥梁。此外，乡村外部企业、社会组织或者个人也能够为乡村产业振兴带来人才、资金、技术等，从而促进乡村产业发展。

实践证明，乡村有效治理能够带动乡村产业发展。陕西省咸阳市礼泉县袁家村十几年来，始终坚持以村"两委"班子为核心、书记为带头人、村干部为服务队，真正把为群众办实事、为群众谋福利作为一切工作的出发点和落脚点，并注重群众素质的提升和旅游软环境的治理，注重"口碑"效应，注重"素质"提升；着力打造农民创业平台，通过发展旅游产业，带动农民持续受益，走共同富裕的道路。江苏省泰兴市黄桥镇祁巷村村支部积极筹划发展的思路和对策，寻求推进经济发展的突破口，并组织村民到苏南参观学习。村干部带头种起了葡萄、甜豌豆等，兴办农民专业合作社，大力推进农业结构调整，积极构建"公司＋农户"的经营模式，带动全村农户从事猪鬃半成品加工；积极开展"美丽乡村"建设，发展乡村旅游产业，并强化村内河道整治，全村道路、桥梁、路灯、绿化等建设得到了快速发展。各项经济社会事业发展从无到有、从小到大，村庄面貌发生了翻天覆地的变化，广大群众的幸福感、获得感显著增强。

4. 文化振兴的典型案例

文化传承是我国乡村存续和发展的功能之一，而目前乡村存在大规模农村劳动力外流、高价彩礼、人情攀比、厚葬薄养等现象，乡村在文化传承方面面临威胁，乡村文化振兴势在必行，以促进乡风文明。文化振兴主要包含两方面的内容：一是深入挖掘、继承创新优秀传统乡土文化，坚持保护传承和开发利用相结合；二是剔除和改造传统文化中与当前经济社会发展不相适应的内容，整治乡村不良风气。

江西省新余市渝水区良山镇白沙村从2019年5月开始实施"道德积分银行"制度，有126户村民率先成为储户，领取了存折。为了确保"道德积分银行"建设有章可循、运行规范，该村专门制定了《道德积分银行积分条例》和《道德积分储蓄存折管理使用及兑换办法》，以弘扬社会公德、职业道德、家庭美德、个人品德为主要内容，从"积孝、积善、积信、积勤、积俭、积美、积学"7个方面设置了46个积分、扣分项目。例如，为村里老人服务、做好事每次积3分，参加各类慈善活动和志愿服务每次积8分，被发现乱倒垃圾每次扣10分。每个月白沙村道德评议委员会都会分成多个小组深入储户家中进行评分，并召开评议大会，公布积分情况。每个季度按"1分等于1元"的比例开展积分兑换活动，并公布"光荣榜"和"警示榜"，对得分高者表扬，扣分多者劝勉。"道德积分银行"是乡村文化振兴与基层社会治理相结合的新探索，有效改善了乡村社会精神文明风貌，有力促进了乡村振兴其他工作的顺利开展。

5. 生态振兴的典型案例

国家经济社会发展，离不开乡村的生态屏障功能，乡村既是村民长期生活、居住的地域共同体，也是乡村经济发展的重要资源要素，更是城乡融合发展过程中可为城市提供重要生态产品的重要保障。乡村生态振兴是乡村振兴的重要支撑，乡村发展不能以破坏甚至牺牲乡村生态为代价，生态保护也并不意味着不能对乡村资源进行开发利用，产业发展与生态保护必须协调推进，真正实现"绿水青山就是金山银山"的目标。生态振兴是一项涉及每一位村民切身利益的事务，每一位村民破坏生态环境的行为都可能对整体环境保护造成严重威胁，生态振兴需要全民参与、共同维护。全国各地乡村要做好生态保护、发展生态经济，根据当地自然地理资源条件，探索符合当地实际的生态振兴之路。

江苏省徐州市睢宁县高党村坚持以民意为本，建设生态宜居家园。高党村通过创新乡村管理模式，打造"党建＋社会治理＋居民自治"乡村网格化管理模式，由群众推举、村"两委"把关选出网格长参与村庄治理，使每一个网格都成为覆盖党的建设、综合治理、社区管理、文明创建等职能的活力单元，寓管理于服务之中，形成了自我治理的良好局面。该村顺应民意建设集中居住区，积极打造宜居环境。

二、乡村振兴典型案例分析的启示意义

各地乡村面临的具体情境和发展问题各有不同，因此乡村振兴案例呈现出了多样化的振兴路径，同时这些案例在某些做法方面存在相似性。总结这些案例背后的共通经验和规律，可以为其他地区提供有益的借鉴，这也是分析乡村振兴案例的意义所在。

（一）以组织振兴为基础，协调推进"五大振兴"

实现乡村社会治理有效既是全面推进乡村振兴的内容，又是全面推进乡村振兴的基础。乡村振兴案例表明，乡村振兴取得实效的地区或村庄，其乡村治理的效果也是良好的，而且其农村社会安定有序，各项工作顺利推进。例如，浙江省桐乡市从2013年开始就已在乡村地区探索"自治""法治""德治"的融合建设问题，取得了显著效果，推动了经济社会发展。因此，乡村治理在协调推进"五大振兴"方面能够发挥积极作用。组织振兴与乡村治理的关系最为直接，我们必须不断增强农村基层党组织领导乡村振兴的能力，健全和完善农村基层党组织领导乡村振兴的工作机制、工作方法。组织振兴还要求我们在农村基层党组织的领

导下，强化村民委员会、农村集体经济组织、农村专业合作社、村务监督委员会等各类村级组织在乡村振兴中的积极作用。各类村级组织本身可发挥其特殊作用，我们应当协调、处理好农村基层党组织的领导与各类村级组织的功能之间的关系，最大程度地凝聚各方面力量。

组织振兴需要各类人才，人才是乡村振兴的关键。乡村治理人才、农业经营人才等各类人才需要直接参与各类组织的事务，乡村外部的各类人才同样也需要借助乡村各类组织发挥其作用，他们都是促进农村产业发展、社会和谐的重要力量。产业振兴同样需要以乡村社会治理有效为基础，没有一个和谐稳定的乡村社会作为社会基础，产业发展、产业振兴也就无从谈起。产业振兴的具体工作有赖于各类村级组织或者个人的积极参与，需要遵循相应的法律规则、市场规则。文化振兴强调对中华优秀传统文化进行传承、开发、利用和保护，强调对不良乡村社会风气进行改造和调整，这些都需要村民委员会、红白喜事理事会、文化传承人等的组织和参与。此外，许多乡村建立了专门性的文化类群众性自治组织。例如，广东省惠东县范和村建立了村公益理事会，支持乡村文化发展等公益事业。在村民自治、村民参与的基础上，文化振兴需要借助外部社会力量，做到内外结合，形成合力，以推动各项工作开展。生态振兴不仅与每一位村民的切身利益直接相关，还涉及国家整体生态环境保护，因此生态环境保护应当成为全体村民的共同意识、自觉行为，这就需要我们从乡村治理的角度认识生态振兴。生态振兴包含保护和利用两个方面。发展生态产业，不能破坏乡村生态环境，需要法律、村规民约等的约束和引导。

（二）立足国情农情村情，促进城乡融合发展

"大国小农"是我国的基本国情农情，以小农户为主的家庭经营是我国农业经营的主要形式，也是我国农业农村发展必须长期面对的现实。全国的村庄又千差万别、各具特色，面临的发展问题也各不相同，这也是我国全面推进乡村振兴战略、促进农业农村现代化必须长期面对的现实。全面推进乡村振兴，必须遵循乡村发展的内在规律。全面推进乡村振兴、促进农业农村现代化，在目前的条件和发展要求下，应当适度发展多种形式的规模经营，坚持宜大则大、宜小则小的原则，不搞"一刀切"，不追求大规模，可以通过健全社会化服务体系，实现小农户和现代农业发展的有机衔接；发挥好农业规划的引领、指导作用，强调根据

各地、各村自然地理条件、资源禀赋和特点，因地制宜、科学规划，突出地域和村庄特色，绝不能搞整齐划一模式；客观认识农业投入多、见效慢、风险大的特征，坚持尽力而为、量力而行，合理设定阶段性目标任务和工作重点，不好高骛远，从而形成可持续发展的长效机制。例如，四川省昭觉县日哈乡觉呷村根据该村海拔高、土地贫瘠等地理条件，开展"香港小母牛"项目，发展适合该村的畜牧业，成功脱贫。产业发展是农业农村现代化的基础，同时我们也不能忽视农村现代化，农业现代化与农村现代化需一体推进，并坚持贯彻落实新发展理念，要从整体、系统、长远的角度认识农业农村现代化。乡村建设涵盖村庄规划、乡村公共基础设施建设、农村基本公共服务、农村改革等方面，统筹城乡融合发展，可以借鉴城市建设经验，但不能照搬照抄，更重要的是遵循乡村发展和建设规律，促进乡村全面健康发展。

（三）维护农民根本利益，确保乡村振兴长期效能

实施乡村振兴战略的出发点和落脚点是维护农民群众根本利益、促进农民共同富裕，这要求在任何时刻，乡村振兴的措施都不能以损害农民根本利益为代价。农民在全面推进乡村振兴战略中发挥主体作用，我们必须充分调动亿万农民的积极性、主动性、创造性，从而为乡村振兴提供源源不断的动力。所有乡村振兴案例，无不以维护农民根本利益为依归，强调农民的广泛参与。例如，江西省渝水区珠珊镇石山村在农村资产资源清理工作中，强调村民参与，并通过清理、修订原有不合理的、不公平的承包租赁合同，维护了村民合法权益和集体利益。首先，国家需要通过电视、网络等媒介，向广大农民群众宣传乡村振兴战略，以农民群众喜闻乐见的形式介绍乡村振兴战略的顶层设计、体制机制和制度体系，并通过多种渠道及时解答农民群众的疑问，回应和解决农民群众的诉求，增强农民群众的认同感；其次，国家还应通过村民委员会、农村集体经济组织、村民理事会，团结和调动农民群众，落实民主选举、民主决策、民主管理、民主监督，增强农民群众的主人翁意识，激发农民群众参与乡村振兴各项工作的积极性；最后，国家在乡村振兴考核评价工作中，要始终坚持农民群众的主体作用，建立以农民获得感、幸福感、安全感为主要评价标准的考核评价制度。各级党委和政府应当树立正确的乡村振兴政绩观，保障乡村振兴的长期效能。

（四）完善工作体制机制，强化政策法律保障

要进一步健全完善乡村振兴工作体制机制。全面推进乡村振兴战略已经成为未来一个时期我国"三农"工作的核心，这也是关系社会主义现代化的一项重大任务，这就要求各级党委和政府必须不断强化实施乡村振兴战略的重要意义，不断提升自身关于乡村振兴战略的认识高度，统筹城乡融合发展，促进农业农村现代化，而不单单是就"三农"工作谈乡村振兴。全面推进乡村振兴，也是一项举全国之力必须做好、完成的重大工作，因此我们必须在加深相关认识的基础上，将其转化为工作实践，并进一步健全和完善乡村振兴工作机制，进一步健全和完善乡村振兴政策法律体系。为了贯彻和落实乡村振兴战略，我国陆续出台了众多政策措施，涵盖产业振兴、人才振兴、文化振兴、生态振兴、组织振兴的各个领域，为全面推进乡村振兴提供了强有力的政策支撑，乡村振兴案例中对此也有直接反映。随着乡村振兴战略的不断推进，我国势必会面临新的问题、新的挑战，有的政策措施可能无法有效及时地予以应对和解决，在某些情况下甚至可能会起反作用，这就要求有关部门不断优化、调整和完善政策设计，进一步增强政策的针对性和有效性。全面推进乡村振兴，同样也需要法律的支撑和保障，这要求有关部门及时将实践中行之有效的政策措施法律化、规范化、制度化，并加快推进乡村振兴相关立法进程。例如，2020年8月27日，湖州市第八届人民代表大会常务委员会第三十次会议通过了《湖州市法治乡村建设条例》，以服务和保障乡村振兴战略的实施。乡村振兴法律体系，既包含《中华人民共和国乡村振兴促进法》等与乡村振兴直接相关的法律、法规，也包含《中华人民共和国村民委员会组织法》《中华人民共和国农村土地承包法》等与乡村振兴间接相关但在具体内容上直接涉及农业农村发展的法律、法规。这些法律、法规为乡村振兴实践提供健全的法规保障。

参考文献

[1] 李小梅，王兆云．新时代农民道德观培育研究[M]．秦皇岛：燕山大学出版社，2021．

[2] 张琦．中国乡村振兴政策与实践热点评论[M]．北京：经济日报出版社，2022．

[3] 张德林，张海瑜，张鹏，等．中国乡村振兴 产业发展促进战略实施模式及实践案例[M]．北京：中国农业大学出版社，2021．

[4] 周金堂，黄国勤．国外新农村建设的特点、经验及启示[J]．现代农业科技，2007（17）：204-207+210．

[5] 徐斌．中国制度：新时代中国治理[M]．北京：外文出版社，2022．

[6] 国务院发展研究中心课题组著；马建堂总主编．全面建成小康社会进展情况研究与评估[M]．北京：中国发展出版社，2021．

[7] 童书元．乡村振兴与城乡融合发展研究[M]．长春：吉林出版集团，2024．

[8] 新华社．习近平：决胜全面建成小康社会 夺取新时代中国特色社会主义伟大胜利——在中国共产党第十九次全国代表大会上的报告[R/OL]．（2017-10-27）[2024-4-12].https://www.gov.cn/zhuanti/2017-10/27/content_5234876.htm．

[9] 新华社．《中共中央 国务院关于实施乡村振兴战略的意见》[R/OL]．（2018-1-2）[2024-4-12].https://www.gov.cn/gongbao/content/2018/content_5266232.htm．

[10] 新华社．习近平：决胜全面建成小康社会 夺取新时代中国特色社会主义伟大胜利——在中国共产党第十九次全国代表大会上的报告[R/OL]．（2017-10-27）[2024-4-12].https://www.gov.cn/zhuanti/2017-10/27/content_5234876.htm．

[11] 光明网．农业农村部：新型农业经营主体保持良好发展势头[R/OL]．（2023-12-19）[2024-1-15].https://baijiahao.baidu.com/s?id=1785703377140382810&wfr=spider&for=pc．

[12] 人民网. 质量效益稳步提高 我国新型农业经营主体保持良好发展势头 [R/OL]. （2023-12-20）[2024-1-15].https://baijiahao.baidu.com/s?id=1785764812796359684&wfr=spider&for=pc.

[13] 金太军，周义程. 公共管理案例分析 [M]. 广州：广东人民出版社，2015.

[14] 蒙克，李朔严. 公共管理研究中的案例方法：一个误区和两种传承 [J]. 中国行政管理，2019（9）：89-94.

[15] 部署 [J]. 四川党的建设，2018（19）：7.

[16] 陈锡文. 从农村改革四十年看乡村振兴战略的提出 [J]. 行政管理改革，2018（4）：4-10.

[17] 张端. 改革开放以来农民社会心理的现代性变迁 [J]. 人民论坛，2014（8）：140-142

[18] 陈锡文. 从农村改革四十年看乡村振兴战略的提出 [J]. 行政管理改革，2018（4）：4-10.

[19] 顾益康. 实施乡村振兴战略 加快农业农村现代化 [N]. 浙江日报，2017-11-06（005）.

[20] 陈文胜. 怎样理解"乡村振兴战略" [J]. 农村工作通讯，2017（21）：16-17.

[21] 叶兴庆. 新时代中国乡村振兴战略论纲 [J]. 改革，2018（1）：65-73.

[22] 刘守英，熊雪锋. 我国乡村振兴战略的实施与制度供给 [J]. 政治经济学评论，2018，9（4）：80-96.

[23] 刘彦随. 中国新时代城乡融合与乡村振兴 [J]. 地理学报，2018，73（4）：637-650.

[24] 杨园园，臧玉珠，李进涛. 基于城乡转型功能分区的京津冀乡村振兴模式探析 [J]. 地理研究，2019，38（3）：684-698.

[25] 规划实施协调推进机制办公室. 乡村振兴战略规划实施报告（2018—2019 年）[M]. 北京：中国农业出版社，2020.

[26] 吴维海. 新时代乡村振兴战略规划与案例 [M]. 北京：中国金融出版社，2018.

[27] 黄文俊. 乡村振兴司法服务与保障典型案例评析[M]. 北京：人民法院出版社, 2019.

[28] 张玉强, 张雷. 乡村振兴内源式发展的动力机制研究——基于上海市Y村的案例考察[J]. 东北大学学报（社会科学版）, 2019, 21（5）：497-504.

[29] 王景新, 支晓娟. 中国乡村振兴及其地域空间重构——特色小镇与美丽乡村同建振兴乡村的案例、经验及未来[J]. 南京农业大学学报（社会科学版）, 2018, 18（2）：17-26, 157-158.

[30] 杨慧莲, 韩旭东, 李艳, 等. "小、散、乱"的农村如何实现乡村振兴？——基于贵州省六盘水市舍烹村案例[J]. 中国软科学, 2018（11）：148-162.

[31] 高彦彬, 阮非凡. 金融支持、科技进步对供给侧改革影响研究——基于H省样本数据与VAR模型的实证分析[J]. 生产力研究, 2019（7）：10-15.

[32] 李志龙. 乡村振兴-乡村旅游系统耦合机制与协调发展研究——以湖南凤凰县为例[J]. 地理研究, 2019, 38（3）：643-654.

[33] 张印忠. 村民自治中的民主监督[J]. 中国民政, 2003（8）：20-22.

[34] 规划实施协调推进机制办公室. 乡村振兴战略规划实施报告（2018—2019年）[M]. 北京：中国农业出版社, 2020.

[35] 新华社. 中共中央印发《中国共产党农村基层组织工作条例》[R/OL].（2019-1-10）[2023-11-25].https://www.gov.cn/zhengce/2019-01/10/content_5356764.htm.